高中英语
新课程教学策略探索

张学顺◎著

世界图书出版公司
广州·上海·西安·北京

图书在版编目(CIP)数据

高中英语新课程教学策略探索 / 张学顺著. -- 广州：世界图书出版广东有限公司, 2019.12
ISBN 978-7-5192-7150-3

Ⅰ. ①高… Ⅱ. ①张… Ⅲ. ①英语课-教学研究-高中 Ⅳ. ①G633.412

中国版本图书馆 CIP 数据核字(2019)第 298753 号

书　　名	高中英语新课程教学策略探索 GAOZHONG YINGYU XINKECHENG JIAOXUE CELUE TANSUO
著　　者	张学顺
责任编辑	程　静　曹桔方
装帧设计	博健时代
责任技编	刘上锦
出版发行	世界图书出版广东有限公司
地　　址	广州市新港西路大江冲 25 号
邮　　编	510300
电　　话	020-84451969
网　　址	http://www.gdst.com.cn
邮　　箱	wpc_gdst@163.com
经　　销	各地新华书店
印　　刷	广州市德佳彩色印刷有限公司
开　　本	787mm×1092mm　1/16
印　　张	11.75
字　　数	296 千字
版　　次	2019 年 12 月第 1 版　2019 年 12 月第 1 次印刷
国际书号	ISBN 978-7-5192-7150-3
定　　价	48.00 元

咨询、投稿:020-84451258 gdstchj@126.com

前　言

目前，新课程改革的推进正在如火如荼地进行，这种趋势不仅要求教师积极转变角色，而且要求教师的教学行为及学生的学习行为也产生相应的变化，并根据不断变化的新形势和不断出现的新问题进行反思，以期达到“双赢”的教学目的。在人们更讲究现实、注重时效的当今社会，单纯的说教和引导只会让英语课堂显得更加乏味、苍白，使原本鲜活的文化现象变得死气沉沉，使学生失去学习兴趣。在这种情况下，培养学生的兴趣，通过学习本身和知识内容引起的兴趣显得格外重要，实践证明，只要我们不断地改进教学方法，增加新的教学内容，将趣味性贯穿于整个教学过程中，就能引起学生的兴趣与注意。

对每位教师来说，新课程的实施既是挑战，更是机遇。每一位教师都必须不断地学习，提高自身的业务水平，不断调整、更新自己的知识结构，拓展自身视野并加强合作，争取更好地完成教学任务。

为了帮助高中英语教师积极有效地应对课程改革的挑战，促进教师的专业成长，本书阐述了英语学科的教育意义、高中英语教学的现实情形，解读了新的英语课程标准理念，从教学设计、教学策略的实施，以及教学评价的实施三个方面探索了实施高中英语新课程的有效途径与方法，介绍了高中英语新课程教学知识、教学技能，以及教学评价的实践案例。

目　录

第一章 绪论

进入21世纪的中国基础教育，在取得了各领域丰硕发展成果的同时，依然面临着诸多亟待解决的问题。教育的发展、社会的进步，赋予了学校和教育者更为崇高的使命和更为艰巨的任务。这些使命和任务类型多样，但最终都指向“育人”。学科教学是育人的有效平台，对中学英语学科教学而言，必须通过学科教学自身的改革，以及中学英语教师自身的专业发展，更好地转变英语学科教学的理念，革新教学方法，提升教学质量，以促使英语学科更好地承担起时代和教育发展赋予的“育人”使命。

第一节 英语学科的育人使命

育人，是教育的恒久话题，也是教育的神圣使命。从由直接生产过程中独立出来起，教育就高举着传道、授业、解惑的大旗，以传承人类文明为己任，肩负起了促进人类全面发展、驱动社会全面进步这一崇高而神圣的历史使命。我们可以断言，促进人类全面发展、驱动社会全面进步，永远是教育的历史使命。教育固有的神圣而永恒的历史使命为我们准确地进行教育定位奠定了可靠的基础。既然教育的历史使命是促进人类全面发展、驱动社会全面进步，那么，教育就应当是也必须是一项永恒而崇高的育人事业。

2017年版《普通高中英语课程标准》（以下简称“新课标”）指出：“英语属于印欧语系，是当今世界广泛使用的国际通用语，是国际交流与合作的重要沟通工具，是思想与文化的重要载体。学习和使用英语对汲取人类优秀文明成果、借鉴外国先进科学技术、传播中华文化、增进中国与其他国家的相互理解与交流具有重要的意义和作用。”新课标认为，普通高中英语课程作为一门学习及运用英语语言的课程，与义务教育阶段的课程相衔接，旨在为学生继续学习英语和终身发展打下良好基础。普通高中英语课程强调对学生语言能力、文化意识、思维品质和学习能力的综合培养，具有工具性和人文性融合统一的特点。普通高中英语课程应在义务教育的基础上，帮助学生进一步学习和运用英语基础知识和基本技能，发展跨文化交流能力，为他们学习其他学科知识、汲取世界文化精华、传播中华文化创造良好的条件，也为他们未来继续学习英语或选择就业提供更多机会。普通高中英语课程同时还应帮助学生树立人类命运共同体意识和多元文化意识，形成开放包容的态度，发展健康的审美情趣和良好的鉴赏能力，加深对祖国文化的理解，增强爱国情怀，坚定文化自信，树立正确的世界观、人生观和价值观，为学生未来参与知识创新和科技创新，更好地适应世界多极化、经济全球化和社会信息化奠定基础。基于这样的表述，可以认为，作为一门工具性与人文性并重的学科，英语学科具有极为丰富的育人价值，如何充分挖掘和发挥英语学科的育人价值理应成为每个高中英语教师认真思考和实践的重要命题。

一、人的发展是英语学科教学的终极归宿

教育过程就是提升和扩展人的价值的过程。“人只有经由教育才能成其为人，人完全是教育的结果。”在夸美纽斯看来，“没有教育或培养，也就是说，没有辛勤的教学和关怀，谁也不可能成为有文化的人。”这也就意味着，教育在促进人的发展方面具有决定性作用。教育引导人在生活中展示积极的生存态度，开发人的创造性。教育不仅给人以生活的技能，更多的是启迪人的智慧，丰富人的精神世界，从而让人获得生活的意义。因此，提升受教育者的个人价值是教育的根本意义。

英语学科的学习是学生整个学习过程的重要组成部分，从小学开始，到中学、大学，英语学科的学习很少中断，这种学习的高频度和多阶段，意味着英语学科的教学对学生成长、成熟具有重要意义。特别是高中阶段的学生，正处于人生观、价值观和世界观的形成时期，也是受教育者接受人类最新、最高智慧成果而达到某种完善阶段的重要准备时期，这一阶段的英语教育具有独特而鲜明的价值。现代学校教育谋求的是“彰显个性、打造自我”的基本理念，这是符合人的发展规律和时代精神的。从某种程度上说，学校教育应该是“完全的人的教育”，即充分发展学生的个性，获得“人的永恒的理智”，形成至善的品格，成为个性和谐、全面发展的人。英语教育不应该扼杀个人与生俱来的天性、忽视差别、贬抑个性，在教育这个具有个性色彩的内化活动中帮助受教育者形成独特的个性和全面的发展，所以促进受教育者的个性发展是英语学科教学的终极目标和核心价值体现。

英语教育的真正价值取决于英语教育活动与受教育者幸福、自由、尊严和终极价值的联系程度，取决于对受教育者主体的能力、智力、健康思想道德、人文素养等因素在内的全面发展所起到的作用。要以对受教育者个性的发展完善，以及生活质量、生命意义的提升来判断和衡量英语教育的真正价值。语言既是人们在学习、生活、工作中的重要交流工具，也是重要的思维工具。学习母语以外的语言，不但能够拓宽交流渠道，而且有利于心智的发展，特别是思维能力、认知能力的发展。学习外语有益于个人发展和社会交往，已经成为世界各国公民的共识。在欧洲，20 世纪 80 年代，欧洲理事会及其所属语言政策司就专门成立了“语

言学习与欧洲公民资格”项目组，经过10年的努力，在2001年正式出版了《欧洲语言教学与评估共参框架》，提出了“语言多元化能力”的概念，强调学习语言的过程能促进个人交际能力的建构，在提升语言交际能力的过程中，会习得各种语言之间的相互关联与相互作用，有利于语言和文化交际能力的发展。基于这样的分析，我们可以清晰地感受到，促进人的发展，实现育人的功能，是当下英语学科教学的核心价值与使命，而且，从英语学科自身的性质与发展状况看，英语学科完全有能力通过自身的变革实现社会与教育发展所赋予的育人使命。

二、改革是提升英语学科育人能力的保障

学科育人使命的实现不是自然而然的，没有先进的学科教学理念，没有适切的学科教学方法，没有适应学科教学改革的高素质的英语学科教师队伍，也就难以生成高质量的英语学科教学，缺少了这种高质量的学科教学，英语学科育人能力的实现也就会受到制约。因此，对于一线中小学而言，明确了英语学科的育人价值和使命仅仅是一项基础性的工作，更为重要的是要通过系统的改革更好地提升英语学科育人能力的提升。

育人是一项系统的工作，教育教学改革也同样如此，改革的过程涉及诸多的影响因素，也需要解决大量的现实问题与矛盾。推动英语学科教学育人能力的提升，最为重要的落脚点应该有两个：其一，高中英语学科教学本身的改革，特别是教学理念、教学方法、教学内容等学科教学核心维度的改革，是提升英语学科育人能力的重要前提和基础；其二，英语教师专业素养的提升，特别是教师理念与意识的更新和研究探索能力的提升，是提升英语学科育人能力的重要保障。

（一）推动英语学科教学的改革

随着全球化的发展，世界各国的交流越来越密切。信息技术的发展将国家之间的距离进一步缩短，国际竞争力成为一个重要的名词。加强外语学习，特别是英语的学习就是为了走国际化发展路线，与世界接轨。英语教学对培养具备国际竞争力的人才十分重要，一直以来都受到我国教育部门的重视。英语一直被视为基础教育中最重要的一门学科之一，英语教学也在不断地改革和创新。

对于英语教学的改革来说，首要的是对英语教材的改革和教育设备的更新。教材是学生学习的基础，好的教材可以让学习变得事半功倍。教材的选择要站在学生的立场，要看重教材的质量。很多年沿用同一本教材的做法是不可取的，社会在发展、时代在进步，相隔十几年的学生的群体特征差异也很大，需要及时更新适合时代的新教材。面对过于老旧的教材，教师也无法积极地发挥主观能动性去讲解学生不感兴趣的教材内容，难免导致英语教学的失败。除了选好教材，对教学设备的更新也很重要。教学设备属于学校的硬件建设和必

要的教学投入,必须紧跟社会的发展,为学生提供丰富的教学资源。英语教学需要专门的多媒体教室,英语听说能力的提高一定程度上也依赖于现代化教学设备。有了现代化的教学设备,学生自主学习的积极性也将得到提高,有利于提升英语教学的效果。

教学方法的改革是英语教学改革的核心,教学方法关系到师生两个方面。教学以教师和学生为主体,教师的教学应该以学生为中心,应从学生的角度设计教学内容。传统的灌输式教学不再被学生所接受,教学效果也很差,英语教学改革应从教学理念出发做出改变。教学方法的改革需要集众人智慧,教师之间开展教学方法交流研讨会,相互之间共享教学经验,实现教学方法的共同进步。教学方法对调动学生的积极性也很重要,应该在课堂上给学生充分的自由发挥空间,课程中穿插生动有趣的英语表演或是演讲,以充分调动大家的学习积极性,在提升英语能力的同时也促进了学生之间的情感交流,让大家感受团队合作的重要性。

课堂教学内容的选择是英语教学改革的重要组成部分,教学内容应偏向实用性。比如可以和学生日常生活结合起来,让学生们能学以致用。合理的教学内容也能够使英语教学产生趣味性,吸引学生们广泛参与,提高英语学习的效率。内容应从社会各方面进行选取,尽量选择学生相对熟悉的内容,使教学内容在适应时代特点的同时也容易被学生接受。英语教学改革需要教师在教材的基础上合理增加课堂教学内容,使课堂教学变得更为生动,提高学生的课堂学习效率,进而实现英语教学改革的目的。

此外,对于英语教学改革而言,教学目标的改进也同样重要。新课程改革提出了“知识与技能、过程与方法、情感态度和价值观”的“三维目标”,应该说这是对传统教学目标的一种根本性变革。时至今日,“三维目标”已经深刻地影响了教师的课堂教学行为,但是,高中英语课堂教学中,教师对正确的教学目标的设计和把握依然不够到位。“三维目标”为设定当下的英语教学目标提供了基本的维度和框架,教师应该以此为基础,着眼于人的发展,从培养学生指向于未来社会的幸福生活的角度设计更为多元化的教学目标,帮助学生实现全面的发展,也为他们今后更好地走向社会、融入社会,并在更为广阔的空间中实现自己的价值打下坚实的基础。

(二)推动英语教师的专业发展

教师是教育教学改革的直接执行者,也是学科教学质量的最终决定力量。自20世纪后半期教师专业发展概念明确提升后,如何提升教师的专业素养、不断推动教师队伍的专业化建设越来越成为各国政府、教育主管部门和学校的重要工作,教师专业发展也同样越来越成为教师的使命与追求。任何好的教学理念都需要通过教师的劳动进行落实,任何好的教学方式都需要通过教师的劳动进行实践,这也就意味着缺少了教师队伍专业素养的提升,教学领域中的任何改革都将注定成为空中楼阁。因此,要使高中英语学科教学更好地承担时代与教育赋予的育人使命,除了英语学科教学自身的变革与创新之外,还需要以英语教师的专业化发展作为保障。

随着社会的发展和教育改革的推进,教师的专业发展呈现出越来越复杂的状态,有研究者指出,教师的专业能力是保证高质量教学效果的基础。从专业英语的学科特点及教师能力与教学效果的关系来看,专业英语教师除具备一般教师的基本素养外,还应该在知识结构素养、教学能力素养以及科研能力素养等方面具备特殊的要求。因此,专业英语教师的专业发展更应该强调复合型、应用型的职业发展特点,从内涵发展和外延发展两个方面提高修养,以满足专业英语教学的要求,培养高素质的人才。

教师专业发展问题的思考以及专业发展方式的构建,应该充分考虑教师工作的性质、教师工作的区域、教师个人的需要等多方面的因素。从目前我国中小学英语教师队伍的现状看,教师的专业知识与学历条件等已经不再是困扰教师专业发展的关键性问题,各中小学在推动教师专业发展的过程中,将更多的精力放在教师专业能力,特别是教育教学能力的提升之上,这也就在很大程度上提升了教师的专业能力,教学基本功也不再是困扰大多数英语教师的问题。基于这样的分析,融合高中英语学科教学改革以及学科的可持续建设,当前推动高中英语教师的专业发展,应该着重在以下三个方面进行尝试:

1.帮助教师从多重身份认同困境中走出

在当前新课程改革背景下,教师多重身份自我构建中认同的重叠、冲突、困惑、盲从与迷茫等诸多因素造成教师多重身份认同的现实"适应"困境。由于教师身份具有多重性的特征,在诸多身份诉求的背景下出现了教师身份的泛化问题。教师身份的泛化在一定程度上弱化了教师的教学专业身份,加剧了教师多重身份认同的冲突,使教师的某些权利被限制,某些义务被强制赋予,而且也会造成社会对教师某些并不合理的价值诉求与角色期待。因此,需要采取相应的对策,突破教师多重身份认同的困境。除了教育外部境的改变之外,从学校内部来说,更需要采取相应的对策促使教师走出困境。

(1)营造积极宽松的学校氛围

学校是教师工作的基本场所。在当前新课程改革背景下,课程改革理念的外在灌输与指导必不可少,关键是新理念如何内在于教师的思想和行为之中。外部的行政命令与管理评价手段的一味要求不能触及教师的内心。因此,面对教师多重身份认同的困境,需要实施人性化的管理,制定合理的教师评价与绩效制度,安排合理的教育教学管理活动,营造积极宽松的学校氛围和教师自由的自主支配的空间,为教师身份的构建提供强有力的支持,使教师的主体性和创造性得以发挥,真正担负起教书育人的责任。

(2)建立学校共同体

哈贝马斯认为,消除自我认同危机的出路在于将个人置于无限制的交往共同体中。教师之间本应该是相互合作、互帮互助的伙伴,在新课程改革背景下更是需要教师之间的精诚合作。然而,竞争性的评价管理制度激化了教师之间的矛盾,致使教师在彼此孤立、貌合神离的氛围中工作,甚至发展到为确保自己的竞争优势而固步自封、各自为政的地步。然而,在外在的社会规约与当前改革的趋势背景下,教师的身份认同离不开自我与他者的交互与协商,离不开"自我"的反思性理解与建构生成。因此,教师需要处理好自我与他者的关系,在沟通协商中实现自身的发展,在发展中实现自我的合理认同。

在学校组织内部,教师自我与他人之同的互动与共享离不开具有支持、合作与反思的实践共同体。教师要学会在与学校共同体的互动与协商中建构自己的身份。在对话与协商中,依据其专业经历与经验,不断进行诠释与再诠释,合理有效地辨识教师身份背后的一系列权利、义务与责任。只有在特定的共同体内教师才能找到自己生存的意义,实现身份认同的自我构建。在学校共同体内,教师不仅会确认"我们是谁",找到群体归属感,而且能够反省性地认识和思考"我是谁""我到底应该成为谁"等本体论问题,从而走出多重身份认同的困境。

(3)教师自身实现从外部制度性规约到自我身份合理认同的转变

身份认同是"个体依据个人的经历所反思性地理解到的自我。"即自我同一性的建构、自我归属感的获得和自我意义感的追寻并不是他人给定的,而是个体不断自我构建,在反思活动中创造和维系自我的确定和辨识的结果。在这种确定和辨识过程中,个体既会发现自己的个性之处,也会发现自己与群体的相似之点,不断地对"社会自我"进行自主选择和认同,从而达到对"我是谁"的辨认,实现从外部制度性规约到自我身份认同的转变。

"教师认为自己是谁?应该成为什么样子?各有自己的思考,若不能关心其身份认同问题,则改革方案充其量只是一个做法取代另一个做法。"然而,在现实的教育情境中,人们更多地强调社会、制度等外在角度对教师的期待和规定,即"如何才能成为专业教师"而相对忽视了教师自身从外部制度性规约到自我身份认同的转变,即"我是谁""为什么我是教师"的存在性问题。将注意力只集中在"应然"要求上,而没有充分考虑教师的心理水平、自我主体意识水平等"实然"条件,人为地割裂"作为教师的人"和"作为人的教师"以及教师个体社会化的过程与各种社会化动因不断互动的过程。

身份认同建构的内容来自社会和文化的要求,然而,社会应该更为合理地规约教师的社会身份而不能一味地把各种身份强加于教师。外部制度性规约要受到教师在教育实践中形成的自我认同和角色的认知知识的"过滤"。因此,要提高教师的自我认同,走出多重身份认同的困境,必须关注教师自我认同知识的实践性和建构性,促使教师自身实现从外部制度性规约到自我身份合理认同的转变。

(4)坚持反思与自我完善

"成为什么样的教师"不是外在制度给予的,而是教师坚持反思、自我选择与完善的结果。新课程改革为教师展现了一个理想的自我,并在制度上为教师提供了自主选择与专业发展的广阔空间和多种可能性。每名教师都可以根据自己的经历、个体化经验和价值观念体系来进行反思性选择。教师的自我反思既是被动的，又是主动的。反思本身总是会受到某些制度规则的制约，但在受制约的反思背后，教师作为能动的主体是一个自主的、按照自我的选择进行反思和行动的主体。因此，面对多重身份认同的困境，教师需要提高自我反思、自我调适的意识和能力，自主寻求策略积极应对，认识到教师职业的价值和意义，形成正确的角色认同观念，找准角色定位。同时，不断反思理解教师的多重专业身份，有效履行诸多专业身份背后的权利、义务、责任。

2.不断转变英语教师的思维观念

语言类教师的思维观念包括教师的语言教学观、学习观、学生观、教师观等，它们影响教师的教学实践和课堂决策。教师思维观念不仅影响教师的教学、教育行为，而且对教师自身的学习和成长也有重大的影响。

有研究者通过实证调查指出，教师的思维观念与教师的专业发展有着密切的联系：虽然教师的思维观念是高度个人化的，在形成一段时间后保持稳定，但教师通过反思可以将隐含的思维观念外露出来，从而有意识地调整自己的教学行为，实现专业化发展。该研究指出，教师思维观念是随着他们积累知识与教学经验的过程构建发生变化的。反过来，作为不断成长中的教师，在不断进行教学反思、积累知识与经验，努力完善自我并寻求正确有效的教学途径。其间，教师思维观念也发生着变化，通过调整教学行为适应有效教学的需要。这种变化和更新，是促进教师专业发展的重要来源。英语教师关于英语学习与教学思维观念是非常复杂的认知体系。教师也因为他们不同的语言学习经历与教学实践经验等原因，在不同的发展阶段持有不同的学习与教学思维观念。总体来说，在教师终身学习与专业发展的动态过程中，教师思维观念的变化与更新是促进教师发展的重要因素，因此，关注教师思维观念的转型，是促进英语教师专业发展的应有之义。

3.不断提升英语教师的研究能力

自改革开放至今，我国中小学教师参与教育科研活动已有四十余年历史。在这期间，教师教育科研活动产生了一系列变化，主要表现如下：在研究取向上，从一统走向校本；在研究目的上，从应用走向开发；在研究范式上，从定量走向定性；在研究问题上，从宏大走向具体；在研究动力上从外推走向内发；在研究形式上，从单一走向多元；在研究成果运用上，从固化走向灵活。这些转变使中小学教育科研步入了一个新的台阶，也使“教师成为研究者”这一命题日益深入人心，并成为教师实现专业发展的重要标准和基本途径。

从教师的工作性质与其开展教育科研活动的关系看，教师不仅处于极佳的研究位置，而且还拥有最佳的研究机会。因为教室本身就是一个天然的实验室，教师可以检验各种教育理论，可以系统地解决课堂中遇到的问题。在这个过程中，教师不用改变原有的气氛与状态，他不是一个局外人，他可以掌握第一手的最真实的资料，从而做出恰当的教学行动。因此,不论是基于教师专业发展的现实需要,还是基于教师工作的性质与特征,开展教育科研活动,主动成为研究者,都已经成为中学英语教师面临的紧迫课题。

尽管教育研究的性质和教师队伍的现状决定了并非所有的教师都有成为研究者的必要和可能,但是,是否具有从事研究的能力,是区别优秀教师和普通教师的一个重要标准,也是判断教师专业发展水平的重要标志。值得一提的是,教师工作的性质决定了教师开展的研究应该是一种基于实践的行动研究,把教学问题转化为科研课题,用行动研究来探讨解决方案,是实现教师专业成长的优选路径。教师的行动研究源于教学并服务于教学,其根本旨趣是消解教学理论与教学实践的对立,让教师真正成为"研究者",是教师"学术研究"的典型范式,也是更好地提升英语学科育人能力的必然要求。

总而言之,人的培养是教育的基本立场和最终归宿。英语教学改革的紧迫性已经凸显。英语教学的改革,需要面对的问题很多,任何一项改革都不可能同时解决所有的问题。本书所关注的,实际上也是当前中学英语教学中的一个现实问题,那就是如何通过个性化的英语教学,更好地培养学生的人文素养。

第二节　高中英语教学的现实情形

目前,我国的高中英语学科教学在政策制定与落实、课程改革与发展、教师队伍建设和外语人才培养等方面已经取得了比较令人瞩目的成绩。但是,总体而言,高中英语学科的教学在教学理念、教学方式的变革、师生关系的重构,以及学生主体地位的尊重等领域还存在一定的改进空间。作为一种有目的、有意识的教育变革行为,英语学科教学的改革以及未来理想的英语学科教学情景的实现,必须以对当前英语学科教学存在问题的真实把握为基础。只有准确地把握英语学科教学存在的现实问题,才能提升设计英语学科教学改革策略的针对性,才能够更好地把握英语学科教学改革的整体进度和实施方略,从而真正提升英语学科教学的整体质量。

一、高中英语教学的基本状况

外语学科的教育教学活动在我国具有比较久远的历史。早在1727年,清政府就在北京开设了俄罗斯文馆,教授俄语,这是我国现代外语教学的开端。到1862年,在恭亲王奕䜣的反复奏请下,清政府在俄罗斯文馆的基础上创办了京师同文馆,开始教授英语和法、日等国语言。此后的40年是我国英语教学漫长的萌芽阶段。1902年,清政府颁布了《钦宫中学堂章程》,开始兴办中学堂,并将英语列为中学堂的必修课程。这样我国就开始了较为正式的中学英语教学。1913年,南京临时政府颁布了《中学校课程标准》,将英语规定为中学的必修课程。1922 年,南京政府效仿英、美等国,规定英语是中学的必修课,并颁布了第一个全国统一的纲领性文件《中学英语课标准》,其中规定了英语教学的目的要求、教学时间、教学内容和简单的教学方法。但在半封建半殖民地的旧中国,教育十分落后,有机会学习英语的人不多。故英语教学的规模不大、范围不广。

1949 年中华人民共和国成立,我国的中学英语教学进入了一个崭新的兴盛时期。国家把外语列为中学的必修课程,制定了全国统一的中学英、俄语教学大纲,并逐步由专门机构编辑出版了全国通用的英、俄语教材。令人遗憾的是,自 1953 年至 1957 年,因为政治上的原因,我国的英语教学遭到不应有的排斥,在中学的开设方面有所抑制。1969 年及以后几年,部分学校恢复了英语教学,但教学内容偏向政治化,教学方法相对简单。1977 年,我国恢复高等学校招生考试制度,"英语热"伴随求知热在全国迅速掀起。1979 年,英语高考成绩以 10%记入总分,以后逐年增加,到 1983 年英语成绩以 100%记入总分。从此英语成为高考主要的必考科目之一,这对我国的中学英语教学起到了极大的推动作用。在此后的十几年里,中学英语教学取得了令人瞩目的进展。这一时期可以说是我国英语教学史上的"第二次复兴",是我国英语教学发展最快的时期。英语教学的规模之大、范围之广是前所未有的,而且这种发展的态势还在继续。

审视近 20 年来我国中学(高中)的英语学科教学,可以发现,这一阶段是我国中学英语教学稳步发展的时期,在学科教学的很多领域都取得了一定的成绩,主要包括:第一,国家制定了一系列有利于英语教学的外语教育政策,如外语在普通教育和高等教育中所占的比重,各类外语教育的培养目标,职称晋升及出国进修对外语的要求等;第二,制定了全国统一课程标准,在全国统编教材的基础上,又推出其他版本教材,并出版了大量的教学参考书、补充读物及声像资料等,各地也根据实际情况开发设计了相应的地方课程和校本课程,进一步完善了高中英语教学的课程体系;第三,各类师范院校外语专业为中学培养了一大批质量较高的教师,他们大都敬岗爱业,为提高我国中学外语教学水平做出了贡献;第四,全社会对学习英语的重要性有了更清楚的认识,为英语学习营造了一个良好的氛围;第五,广大中学生学英语的积极性很高,他们目标明确,学习方法得到不断的改进。

二、高中英语教学存在的主要问题

面对我国高中英语教学的现状,我国高中英语教学在以下几个方面还存在一些现实的问题,需要通过英语学科教学的改革进行改进和化解。

(一)英语学科教学的理念需要进一步更新

新课标要求教师提高素质,更新观念,转变角色。目前英语课堂教学的现状是:虽然课程标准变了,教材变了,但教师的教学方法还是换汤不换药,教师教得辛苦,学生学得痛苦,结果却不尽如人意，其原因是广大教师受考试指挥棒的影响，受传统观念的束缚，教学上一直以教师为中心，以知识为中心，以教材为中心，以“填鸭式”教法为主，严重束缚了学生的思维，阻碍了学生创造力的发挥。在人类社会的教育从学校教育向终身教育转变的大背景下，教师的教育观念与教育教学方法也必须有相应的变革，让学生的努力方向从原来的记住知识转向学会用各种手段获取知识。也就是说，问题的根本在于教师要教会学生如何学习。要彻底改变目前的状况首先应从教师做起，教师要更新观念。观念是先导，关键在于教师。教师要勤奋学习现代化教育教学理论，树立人本主义教育理念，转变角色，建立良好、和谐、民主、平等的师生关系，发挥学生的主体作用，调动学生的积极性和创造性，注重学生的全面发展，让学生有持续学习的能力，为终身学习打下良好的基础。如果教师不改变观念，不从自身做起，改变现状只能是一句空话。

（二）学生的学科主体作用需要进一步强化

英语课堂教学是在教师的组织和指导下，学生积极参与配合的过程，以学生为中心是这个过程的出发点和归宿。因此，组织课堂教学既要充分发挥教师的主导作用，又要切实体现学生的主体地位。学生的主动性和积极性是决定教学质量高低的关键，而教师的主导作用又决定着学生学习兴趣的浓淡、个人主观能动性和积极性的发挥程度。按照传统的“师本思想”教学模式，教师垄断课堂，教师当演员，学生当观众；教师照本宣科，学生洗耳恭听；教师问，学生答。那么，这种课堂气氛只会越来越沉闷，教师也会越教越吃力，学生越学越没劲。最终，学生的学习兴趣湮没，学习动机窒息，从而产生强烈的厌学情绪。从根本上说，教师的“教”是为学生的“学”服务的，教师一定要认真了解学生，给学生创造各种语言环境，提供各种运用英语的机会，让学生充分接触英语、运用英语，争取最大限度地为学生创造显示才能、发挥才智的英语环境，使学生始终保持学习英语过程中的主动状态——主动观察、主动思考、主动回答，使教学过程本身成为学生听、说、读、写能力的发展和提高的过程。此外，课堂教学要面向全体学生，通过教学使班上不同程度的学生都学有所得，尽量让更多的学生冒尖，尽可能不让学生掉队。

（三）教学方法的设计使用需要更加灵活

教学方法是形成最佳课堂气氛、优化课堂效率的重要保证。教学方法的恰当选择与发挥，是教师创造性与教育艺术性表现的主要形式。教师在挑选各种具体情况下的最佳教学方法的能力越强，那么他的教学技巧与技能就表现得越娴熟、越新颖，课堂气氛就越活跃，教学效果当然也就越显著。教有定则，但教无定法。教师要根据教学内容、教学目的、教学对象和实际条件、个人的教学风格和特长，确定不同的教学方法。一法为主，多法配合，灵活地运用各种手段，最大限度地发挥课堂上每分钟的作用。在处理知识与技能的关系上，对重点、难点、关键性的知识，要精讲多练，引导学生拓宽思路，广开言路，使课堂气氛既热烈又严肃，让学生在愉快的气氛中，既掌握了知识，又发展了语言运用能力。在处理新旧知识上，要善于利用已学过的知识来引导学生学习新知识和掌握新技能，从而产生正迁移；同时也要善于在学习新知识的同时，复习旧知识，做到“温故而知新”，使新旧知识相互渗透，形成整体。另外，要彻底改变传统的“一本书、一支粉笔加上一张嘴”的教学模式，充分利用实物、图片、幻灯、录音、计算机多媒体等直观教具和现代化电教手段进行辅助教学，积极调动学生的多种感官，有效强化其对所学材料的感知，以提高学生的学习兴趣，加深理解，强化记忆，取得理想的教学效果。

（四）教学中的师生关系需要进一步融洽

建立和谐的师生关系，营造和谐的情感氛围，是成功教学的重要因素。成功的教学依赖真诚的理解和彼此信任，依赖轻松、和谐的课堂气氛。师生间建立和谐的人际关系至关重要。教师与学生之间应是一种民主、平等、和谐、合作的伙伴关系。情感的力量是无穷的，教师的爱心是成功教育的原动力。因此，教师要尊重和热爱每一位学生，尊重他们的主观能动性和创造性，倾听他们的心声，建立起师生间沟通的绿色通道。让学生在轻松自然的状态中互学互帮、乐学善学，教师则乐教、爱教、会教，“爱其师，则信其道”，所以，每一位教师都应当充分发掘自身的优势，用自己渊博的知识、精湛的教艺、高尚的人格、乐观向上的精神，树立起自己在学生心目中崇高的形象，用爱心唤起学生对自己所教学科——英语的兴趣，点燃学生对英语的热爱的火花，并且要通过师生的共同努力使学生对英语的热爱的火花形成燎原之势。

（五）学生自主成长的空间需要进一步留足

课堂教学为学生的充分表现和自我发展留出空间，是英语课堂教学的灵魂。使学生能自主学习和交流是每节英语课的灵魂。由于学生各具特点，只有实现自主学习，才能真正使每一位学生得到发展。但使学生能自主学习并不等于对其放任自流。

要使学生真正达到自主学习的程度，教师首先要使学生具备自主学习的条件，即为学生提供学习的语言材料，并培养学生逐步具备理解、学习和运用这些语言材料的能力。教师还要根据所学的语言内容设计出能够使用所学语言的情景，让学生在较为真实的语境中运用所学的语言材料完成交际任务。所谓给学生留出充分表现和自我发展空间，就是要为他们留出足够的自主解决问题的时间。因为时间和空间是相互依存的，要使学生有充分表现和自我发展空间，那么在有限的一节课的时间里，教师就不能占据大部分的课堂时间来讲解有关语言的知识，让学生失去可实践的时间和可动脑的余地。一般来说，教师占用大量时间来讲解语言知识的目的无非是“疑难解析”“加深印象”和“巩固基础”等。事实上，要达到以上目的，讲解并非是唯一的途径，教师应充分估计学生的能力，不必事事躬亲，只要是学生能通过上下文理解的内容教师就不必“疑难解析”；只要是通过活动能让学生掌握的内容就可省去讲解；只要学生经过努力就可求解的教师就不必急于公布答案。这就要求我们教师在备课时能准确把握教材，发现可留给学生的空间，在课堂上努力通过设计应用性的交流活动给学生充分表现自我和发展自我的机会。只有留给学生充分的空间，才能使学困生有弥补不足的机会，使学有余力者有发展特长的时机，才能真正实现面向全体，大面积地提高教学质量。

第二章 我国《普通高中英语课程标准》解读

第一节 概述

一、《普通高中英语课程标准》修订的背景

2018 年 1 月 16 日，教育部发布了 2017 版《普通高中英语课程标准》。2017 版《普通高中英语课程标准》是在《普通高中英语课程标准》(实验)(以下简称“实验版课标”)的基础上进行修订的。这次课程标准的修订可以说是顺应了时代的发展，在理论和实践的层面上贯彻了十八大、十九大关于教育改革的目标和要求，将立德树人的要求落到实处的一个重要举措。实验版课标自 2004 年启动使用以来，经过十余年的实践，对推动高中英语教育、教学观念的更新，评价方式的改革和提高人才培养质量等方面发挥了积极作用，但面对经济、科技的迅猛发展和社会生活的巨大变化，面对新时代构建人类命运共同体对学科育人的要求以及基础教育人才培养的国际趋势，高中英语课程如何帮助学生通过学科学习，逐步形成参与建设社会主义现代化强国所必需的正确价值观念、必备品格和关键能力，培养具有中国情怀、国际视野和跨文化沟通能力的社会主义建设者和接班人，实验版课标还有一些不相适应和亟待改进之处，这就是普通高中英语课程标准修订的背景。

二、新课标发生的重大变化及其意义

与实验版课标相比，新课标主要呈现出以下变化：

1.进一步明确了普通高中教育的定位，强调普通高中教育是在义务教育的基础上，进一步提高国民素质、面向大众的基础教育，为学生适应社会生活和职业发展做准备，为学生的终身发展奠定基础。

2.提炼了学科核心素养。明确学科核心素养是学生学习相应学科课程后应达成的正确

价值观念、必备品格和关键能力，是学科教学对全面贯彻党的教育方针、落实立德树人的根本任务、发展素质教育的独特育人价值。

3.更新了教学内容。以学科核心素养为纲，进一步精选、重组、更新教学内容。以学科大概念为核心，使课程内容结构化，以活动主题为引领，使课程内容情境化。

4.补充了学业质量要求。明确学生完成本学科学习任务后，学科核心素养应该达到的水平。树立新的质量观，引导教学更加关注育人目的，更加注重培养学生核心素养，更加强调提高学生综合运用知识解决实际问题的能力。

第二节　新课标的性质、理念与目标的解读

一、课程性质的变化与解读

（一）实验版课标与新课标的不同

1.实验版课标

高中英语课程是普通高中的一门主要课程。一方面，可以促进心智、情感、态度与价值观的发展和综合人文素养的提高；另一方面，掌握一门国际通用语种可以为学习国外先进的文化、科学、技术和进行国际交往创造条件。开设英语课程有利于提高民族素质，有利于我国对外开放和国际交往，有利于增强我国的综合国力。

2.新课标

高中英语课程是高中阶段全面贯彻党的教育方针、落实立德树人根本任务、发展英语学科核心素养、培养社会主义建设者和接班人的基础文化课程。一方面，可以帮助学生学习和运用外语基础知识和基本技能，发展跨文化交流能力，学习其他学科知识、汲取世界文化精华、传播中华文化，为继续学习和职业发展提供更多机会；另一方面，可以助学生树立人类命运共同体意识和多元文化意识，形成开放包容的发展健康审美情趣和良好鉴赏能力态度，加深理解祖国文化，增强爱国情怀，坚定文化自信。

（二）解读

对于课程要培养什么样的人的问题，两个版本的课标都强调课程的工具性和人文性融合统一，但新课标更加明确课程的定位，凸显其育人价值。关于学科的工具属性，新课标不但强调英语学习可以帮助学生吸收世界文化精华，还可以通过英语媒介传播中华文明；而对于其人文属性，新课标对综合人文素养的描述更为具体，特别强调课程应帮助学生加深理解

祖国文化，增强爱国情怀，坚定文化自信。

二、课程理念的变化与解读

（一）实验版课标与新课标的不同

1.实验版课标

（1）重视共同基础，构建发展平台。

（2）提供多种选择，适应个性需求。

（3）优化学习方式，提高自主学习能力。

（4）关注学生情感，提高人文素养。

（5）完善评价体系，促进学生不新发展。

2.新课标

（1）发展英语学科核心素养，落实立德树人根本任务。

（2）构建高中英语共同基础，满足学生个性发展需求。

（3）实践英语学习活动观，着力提高学生学用能力。

（4）完善英语课程评价体系，促进核心素养有效形成。

（5）重视现代信息技术应用，丰富英语课程学习资源。

（二）解读

新课标更加强调实施课程应以“德育为魂，能力为重，基础为先，创新为上”，逐步提升跨文化沟通能力、思辨能力、学习能力和创新能力，形成正确的世界观、人生观和价值观。新课标在继承实验版课标的基础上，更加凸显学科的育人价值，从“关注学生情感，提高人文素养”，提升到“发展英语学科核心素养，落实立德树人根本任务”。对于优化学习方式，新课标倡导“英语学习活动观”，着力提升学生的“学用”能力，重视现代信息技术应用，拓宽了获取英语课程学习资源的渠道。

三、课程目标的变化与解读

（一）实验版课标与新课标的不同

1.实验版课标

（1）总目标

高中英语课程的总目标是使学生在义务教育阶段英语学习的基础上，进一步明确英语学习的目的，发展自主学习和合作学习的能力；形成有效的英语学习策略；培养学生的综合语言运用能力。

(2)具体目标

在进一步发展学生综合语言运用能力的基础上,着重提高学生用英语获取信息、处理信息、分析问题和解决问题的能力,注重提高学生用英语进行思维和表达的能力;形成跨文化交际的意识和基本的跨文化交际能力;进一步拓宽国际视野,增强爱国主义精神和民族使命感,形成健全的情感、态度、价值观。

2.新课标

(1)总目标

全面贯彻党的教育方针,落实立德树人根本任务,在义务教育的基础上,进一步促进学生英语学科核心素养的发展,培养其有中国情怀、国际视野和跨文化沟通能力的社会主义建设者和接班人。

(2)具体目标

培养和发展学生在接受高中英语教育后应具备的语言能力、文化意识、思维品质、学习能力等学科核心素养。通过本课程的学习,学生应能达到本学段英语课程标准所设定的四项学科核心素养的发展目标。

(二)解读

新课标的最大突破就是调整了英语课程总目标,从聚焦学科本位到聚焦人的全面发展,由培养学科知识与技能的综合运用能力转为培养具有中国情怀、国际视野和跨文化沟通能力的社会主义接班人。比较起来,新课标更鲜明地突出了英语课程育人的总目标。四大核心素养(语言能力、文化意识、思维品质、学习能力)定为英语课程的具体目标,体现了英语学科的关键能力和必备品格,为落实立德树人的总目标提供重要保障。虽然在实验版课标中,作为总课程目标的综合语言运用能力并不是孤立存在的,它的形成和发展是建立在“语言技能、语言知识、情感态度、学习策略和文化意识”等素养整合发展的基础上的,但对语言能力的界定及其涉及各种素养之间关系的描述上不够清晰。

第三节 新课标的内容解读

一、实验版课标与新课标的不同

(一)实验版课标

1.语言技能

语言技能包括听、说、读、写四个方面的技能以及这四种技能的综合运用能力。

2.语言知识

语言基础知识包括语音、词汇、语法、功能和话题等五个方面的内容。

3.情感态度

情感态度指兴趣、动机、自信、意志和合作精神等影响学生学习过程和学习效果的相关因素,以及在学习过程中逐渐形成的祖国意识和国际视野。

4.学习策略

学习策略指学生为了有效地学习语言和使用语言而采取的各种行动和步骤。英语学习策略包括认知策略、调控策略、交际策略和资源策略等。

5.文化意识

文化意识包括文化知识、文化理解、跨文化交际意识和能力。

(二)新课标

1.主题语境

人与自我、人与社会和人与自然,涉及人文社会科学和自然科学领域等内容,为学科育人提供话题和语境。

2.语篇类型

语篇类型包括口语和书面语及不同的文体形式,如记叙文、说明文、议论文、应用文、访谈等连续性文本,以及图表、图示、漫画等非连续性文本。

3.语言知识

语言知识涵盖语音知识、词汇知识、语法知识、语篇知识和语用知识。

4.文化知识

文化知识涵盖中外文化知识,是学生在语言学习中理解文化内涵、比较文化异同、汲取文化精华、坚定文化自信的基础。

5.语言技能

语言技能分理解性技能和表达性技能，具体包括听、说、读、看、写等。

6.学习策略

学习策略包括元认知策路、认知策略、交际策略、情感策略等。

二、解读

比较起来，新课标与实验版课标在知识、技能、策略、文化等内容的界定上基本相同或接近，但它们的内涵和外延还是有一些重要的变化的。

1.语言知识。在实验版课标中“语言知识”板块里的“话题”和“功能”两项内容在新课标中的“语言知协作块里没有出现，取而代之的是“语篇知识”和“语用知识”。那么“话题”和“功能”这一重要的内容到底去了哪儿呢？新课标对“话题”的内涵和外延都进行拓展，使之跳出了“语言知识”的范畴，上升为课程内容的另一个重要板块——“主题语境”。这样的调整，大大突出“主题语境”在英语学习中的重要地位，“主题语境”为学科育人提供话题和语境，使课程内容结构化。实验版课标中“语言知识”板块里的“功能”其实并没有真的消失了，而是经过提炼和归类，成为了新课标中“语言知识”板块里的“语用知识”。新课标明确提出“语言知识”包括语言本身的知识（也称之为语言的结构性知识）和语言的运用性知识即“语篇知识和语用知识”。实验版课标虽然也关注到语言的运用性知识，但界定比较模糊，内容也不够完整，为此新课标在“语言知识”板块中增加了“语篇知识”，最终补齐了语言的运用性知识内容，同时也刷新了对“语言知识”的认识。语篇知识是关于语篇是如何构成、语篇是如何表达意义，以及人们在交流过程中如何使用语篇的知识。语用知识指在特定语境准确理解他人和得体表达自己的知识。运用性语言知识的纳入，犹如在语音、词汇、语法和语言运用之间搭起了一座桥梁，因为仅有语言的本体知识是不能理解和产出语篇的，是语言的运用，也就是语篇意义的构建，才赋予语音、词汇、语法在语篇中运作导向，盘活了这些知识，使它们在意义构建中相辅相成，整合性地发挥作用。

2.语言技能。语言技能包括听、说、读、看、写等方面的技能。听、读、看是理解性技能，说和写是表达性技能。理解性技能和表达性技能在语言学习过程中相辅相成、相互促进。新课标在以往听、说、读、写的基础上增加了“看”，是因为现代技术的发展使语言表达的方式更加丰富，多模态语篇在当今已属常见，伴随语篇文字的还常有图例、表格、视频、动画或符号等表达方式，需要我们去观察和理解，才能有效地理解多模态语篇。

3.文化知识。实验版课标用的是“文化意识”，而新课标中用的是“文化知识”，这两者的变化到底是出于什么样的考量呢？实验版课标中的“文化意识”实际上已经包含了文化知识、文化理解、跨文化交际意识和能力，而新课标把“文化理解”“跨文化交际意识和能力”从课程内容中剥离，并把它们归置到学科核心素养中的“文化意识”里，也就是说“文化意识”

不是具体的课程内容,而是通过课程学习后形成的必备品格,是学生在学习课程内容的经历和经验中点滴养成的气质和素质,它不仅包括对中外文化知识的了解,还包括了对优秀文化的认同,是学生在全球化背景下表现出的跨文化认知、态度和行为取向。

4.学习策略。实验版课标中的英语学习策略包括认知策略、调控策略、交际策略和资源策略,而新课标中的英语学习策略包括元认知策略、认知策略、交际策略、情感策略等。认知策略和交际策略是两个版本的课标中共有的,不同的是实验版课标中调控策略和资源策略被新课标中的元认知策略和情感策略所替代,这又是为什么呢?主要原因是元认知策略涵盖了调控策略,而资源策略与元认知策略、交际策略等均有许多的交集之处。新课标在学习策略里增加了"情感策略",很大程度上是整合了实验版课标里课程内容板块中"情感态度"的部分内容,"情感态度"在新课标里不再作为一项独立的课程内容单列,但其承载的内容变成学科核心素养里的"学习能力"(兴趣、动机、自信、意志和合作精神)和"文化意识"(祖国意识和国际视野),实际上"情感态度"在很大程度上已经从课程内容升级为课程目标。

5.主题语境。主题语境是新课标中新添加的一个重要的课程内容要素,涵盖人与自我,人与社会和人与自然,涉及人文社会科学和自然科学领域等内容,为学科育人提供话题和语境。主题是学习语言的最重要内容,英语学习活动就是对有关中外文化的主题意义探究。"所有的语言学习活动都应该是在一定的主题语境下进行的,即学生围绕某一具体主题的语境,基于不同类型的语篇,通过听说读看写等语言技能,获取、梳理、整合语言知识和文化知识,深化对语言的理解和赏析,比较和探究文化内涵,吸取文化精华"。主题语境不仅规约着语言知识和文化知识的学习范围,还为语言学习提供意义语境,并有机渗透情感、态度和价值观。学生对主题语境和语篇理解的深度,直接影响学生的思维发展水平和语言学习成效。

6.语篇类型。语篇类型包括口语和书面语篇以及不同的文体形式,如记叙文、说明文、议论文、应用文、访谈、对话等连续性文本,以及图表、图示、网页、广告漫画等非连续性文本,为语言学习提供文体素材。语篇作为课程内容,它的意义如下:接触和学习不同类型的语篇,熟悉生活中常见的语篇形式,把握不同语篇的特定结构、文体特征和表达方式,不仅有助于学生加深对语篇意义的理解,还有助于他们使用不同类型的语篇进行有效的表达与交流。

第三章　新课程背景下高中英语教学设计

第一节　新课程高中英语教学目标

在高中英语教学中，要按新的课程理念实施教学设计。确定教学目标是教学设计的第一步。采用恰当的教学方式方法、合理调整教学内容和开发课程资源、明确教师和学生在教学中的角色，以及有效地利用现代教育技术，其目的都是达到教学目标。首先，我们应明确高中英语课程的总目标，然后以此为依据设计具体的教学目标。

一、高中英语课程的总目标

新课标明确指出："普通高中英语课程的总目标是全面贯彻党的教育方针，培育和践行社会主义核心价值观，落实立德树人根本任务，在义务教育的基础上，进一步促进学生英语学科核心素养的发展，培养具有中国情怀、国际视野和跨文化沟通能力的社会主义建设者和接班人。"

基于课程的总目标，普通高中英语课程的具体目标是培养和发展学生在接受高中英语教育后应具备的语言能力、文化意识、思维品质、学习能力等学科核心素养。

语言能力目标：具有一定的语言意识和英语语感，在常见的具体语境中整合性地运用已有语言知识，理解口头和书面语篇所表达的意义，识别其恰当表意所采用的手段，有效地使用口语和书面语表达意义和进行人际交流。

文化意识目标：获得文化知识，理解文化内涵，比较文化异同，汲取文化精华，形成正确的价值观，坚定文化自信，形成自尊、自信、自强的良好品格，具备一定的跨文化沟通和传播中华文化的能力。

思维品质目标：能辨析语言和文化中的具体现象，梳理、概括信建构新概念，分析、推断信息的逻辑关系，正确评判各种思想观点，创造性地表达自己的观点，具备多元思维的意识和创新思维的能力。

学习能力目标：树立正确的英语学习观，保持对英语学习的兴趣，具有明确的学习目标，能够多渠道获取英语学习资源，有效规划学习时间和学习任务，选择恰当的策略与方法，监控、评价、反思和调整自己的学习内容和进程，逐步提高使用英语学习其他学科知识的意识和能力。

二、具体教学目标设计

在日常教学中，设计具体的教学目标应从以下几方面进行：

（一）明确各层次、各级别的教学总目标

教师首先应该了解新课标对主题语境、语篇类型、语言知识、情感态度、学习策略和文化知识六个方面所规定的具体内容和标准，并根据学生的情况确定应该达到的级别要求（六级、七级、八级还是九级），然后制定出一个模块、一学期、一学年或高中三年的教学规划，明确各阶段所要达到的具体目标。例如，如果按照六级目标的要求培养学生，那么在“读”的技能方面就要达到：

能从一般文字资料中获取主要信息；

能利用上下文和句子结构猜测词义；

能根据上下文线索预测故事情节的发展；

能根据阅读目的使用不同的阅读策略；

能通过不同信息渠道查找所需信息；

除教材外，课外阅读量应累计达到 18 万个词以上。

（二）模块教学目标

模块教学是此次课程改革的一大特色。根据课程标准的要求，模块既是教学实施的单位，又是教学评价的单元。经过 10 周的教学，学生经过考评将获得两个学分。教师要根据总体教学目标、分级要求和话题范围，设计出模块的教学实施计划和达标要求；要制订评价改革的方案，确保将形成性评价和模块终结性评价结合起来，科学地评定学生的学业成绩和综合表现。

此外，虽然高中第一学期往往只开设必修课程，但选修系列的内容应事先确定。

（三）单元教学目标

明确了一定阶段的教学总目标之后，接下来就是分析教材，设计单元教学目标。每一个单元的话题和体裁不同，具体教学目标也就不同，但无论怎样，都应该从综合语言运用能力

培养的五个方面考虑。通过对一个单元的内容进行分析,设计出在各方面应该达到的目标:

(1)在听、说、读、写四项语言技能方面能够做什么。

(2)应该了解和掌握哪些语言知识并把语言知识运用在交际中。语言知识包括词汇、语法、语音、功能和话题。

(3)通过该单元的学习应该了解哪些社会文化知识。

(4)在情感态度方面能够做什么。情感态度包括动机、兴趣、自信、意志、合作精神、祖国意识和国际视野。

(5)通过该单元的学习应该掌握哪些学习策略。学习策略包括认知策略、调控策略、交际策略和资源策略。

(四)设计一节课的教学目标

单元教学目标要通过每一节课的教学来实现。由于一节课的教学时间是有限的,因此,一节课的教学目标不可能设计得过多,而是应该具体、可以实现,并且可以得到验证,也就是说,在这节课结束的时候能够让师生双方知道这些教学目标是否已达到。对于不同的教学内容,教学目标的侧重点应有所不同。例如,针对关于环境污染的一篇对话课文可以设计以下教学目标:

(1)To have the students understand the main idea and important details of the dialogue by listening, reading and discussing.

(2)To have the students understand the new lexical items and guess the meanings of some words from the context.

(3)To enable the students to express their opinions on the environment pollution by using the expressions from the text.

这一节课的教学目标主要涉及语言技能(听、读、说)、语言知识(词汇、话题)及学习策略(认知策略)。

另外,有些教学目标不必每一节课都专门列出,因为它们是日常教学的组成部分,如合作精神的培养。合作精神不是靠一两节课就能培养出来的,需要教师不断地为学生创造机会、设计任务和活动,使他们在共同完成学习任务的过程中体会合作的重要性,学会与人合作。无论怎样设计具体的教学目标,我们的指导思想始终是培养学生综合运用语言的能力。简要地说,就语言能力发展而言,要实现学生爱学、会学、会用。

第二节　新课程高中英语学习方式

一、学习方式的基本概念及其重要意义

学习方式的转变是本次课程改革的显著特征。学习方式不单纯指具体的学习策略和方法，还包括在学习过程中，学生的认知、行为、情感以及社会化参与的有机结合。其中学生的行为方式是载体，而认知和情感因素表达了学习方式的实质内涵。学生学习方式的改革，意味着要变革学生的学习态度、学习意识和学习习惯，而科学的学习方式是建立在以自主性、探究性和合作性这三个基本维度之上的。转变学习方式，就是要倡导以自主、探究、合作为基本特征的学习方式。新课程提倡的就是学生通过积极尝试、自我探究、自我发现和主动实践等学习方式，形成符合高中生特点的英语学习的过程和方法。

传统的学习方式以他主、被动、接受为基本特征。一提起学习，学生想到的行为是读书、听讲、做题、备考，其价值取向是学习知识、考试过关、晋级合格等。课堂教学行为以教师讲学生听，教师问学生答为特征，而不是帮助学生去发现问题、分析问题、解决问题。诚然，这样的教学对知识的传授是有一定的功效的，然而获取知识不是唯一的目的。新课程倡导变革学习方式，并不是以取代或削弱知识与技能为代价，问题的实质不是要不要知识与技能，而是怎样获取知识与技能，使学生在获取知识与技能的同时学会学习，并形成正确的价值观。

学习方式的改变意味着个人与世界关系的转变，意味着存在方式的转变。改变原有的单纯接受式的学习方式，形成旨在充分调动和发挥学生主体积极性的学习方式，是教学改革的核心任务。学习方式不仅仅是一个方式问题，还是一个生存、发展的大问题。若一个学生在 12 年的学习生活中，从未对课本和教师提出过质疑，从未提出不同于课本或教师的独立见解，从未认真思索过一个问题，那么这个学生如何面对社会、如何面对生活，都是难以想象的。

总之，不改变学习方式，不利于学生的主动发展、全面发展乃至终身发展。发展是硬道理，还学生学习的自主权是硬举措。

二、新课程理念下学习方式的主要特征

（一）主动性

主动性是新学习方式的首要特征，与传统学习方式的被动性构成鲜明的对比。两种方

式在学生的具体学习生活中分别表现为“我要学”与“要我学”。“要我学”是外在诱因和强制的，只有外动力，缺乏内动力。“我要学”是学生对学习的一种内在需要。学生具有强烈的学习兴趣，并负有一份责任，是一种较为持久的内动力。因此，教师在教学中要有激发学生学习兴趣的艺术，才能使外动力向内动力转化，也成为持久性动力。新的高中英语教科书话题生动、图文并茂，具有浓厚的时代气息，听、说、读、写等技能的要求更突出了对新的学习方式的要求，许多课堂活动的安排侧重于学习的主动性，这些都有利于激发学生的兴趣，有助于自主学习方式的形成。

（二）独立性

独立性是新的学习方式的核心特征，与传统学习方式中的依赖性相比，则体现为“我能学”。21 世纪是知识经济时代，知识更新的速度加快，若学生没有“我能学”的自信，则将被时代所淘汰。新教材的一些练习和任务设计是以学生独立学习为前提的。如果教师在课堂教学中创造和谐、民主、平等的氛围，尊重学生，渐进安排教学活动，给学生留足实践和思考的空间，帮助他们建立自信，这种学习特征就能发挥最大效益。

（三）独特性

每个学生都有着独特的个性，其学习方式在本质上都有独特的个性差异。他们都有自己的内心世界、精神世界和情感态度，有着不同于成人的观察、思考和解决问题的方法。在课堂教学中要改变过去划一的教学设计、整齐的教学目标，注重培养学生的批判意识和怀疑意识，鼓励学生对书本的质疑和对教师的超越。鼓励学生充分发挥自己的特长，根据自己的独特性构建适合自身特点的学习策略。比如，有的教材设计了这样的任务：“Make a list of things in the reading passage that you knew and things you didn't know before you read it.”学习方式的独特性决定了活动的结果会千差万别，无论怎样，都是可以接受的、可以理解的。教师在教学中要充分关注学生的个性差异，为每个学生提供平等的学习机会，注意分层次教学，因材施教，知识接受不求整齐划一，只求各有所得。

（四）体验性

只有让学生亲临其境去体验，学生对语言的感知才会更具体，理解才会更深刻，运用才会更自如。体验性学习使学习过程不仅仅成为知识增长的过程，同时还是身心和人格健康发展的过程。让学生在英语学习中多接触情景真实的材料，多看反映真实英语语言文化的影视资料，有利于学生体验和感悟语言知识及其运用，形成语言技能。

三、学习方式的类型

新课程所倡导的学习方式,是指从他主、单一、被动接受的学习方式,向自主、多样、主动探究的学习方式转变。学生在学习过程中不是被动地吸收课本上现成的知识,而是亲自参与丰富的、生动的思维活动,经历一个实践和创新的过程。

(一)自主学习

根据国内外的研究成果,自主学习概括地说,就是"自我导向、自我激励、自我监控"的学习。具体地说,它具有以下几个方面的特征:学习者参与确立对自己有意义的学习目标,自己制定学习进度,参与设计评价指标;学习者积极发展各种思考策略和学习策略,在解决问题中学习;学习者在学习过程中有情感的投入,学习过程有内在动力的支持,能从学习中获得积极的情感体验;学习者在学习过程中对认知活动能够进行自我监控,并做出相应的调适。

自主学习是在一定教学条件下的高效率高品质的学习。大量的观察和研究充分证明,只有在如下情况下,学生的学习才会是真正有效的学习:感觉到别人在关心他们;对他们正在学习的内容很好奇;积极地参与到学习过程中;在任务完成后得到适当的反馈;看到了成功的机会;对正在学习的东西感兴趣并觉得富有挑战性;感觉到他们正在做有意义的事情。要促进学生的自主发展,就必须最大可能地创造让学生参与到自主学习中来的情境与氛围。部分新的高中教材在培养学生自主学习能力方面进行了积极尝试。

(二)合作学习

合作是当今社会发展的重要动力。合作不是顺从,而是相互认同、相互接纳。学生共同学习、生活,培养在人类活动中的参与合作精神是教学活动中改变学生学习方式的重要一环。在现代社会里,合作意识、团队精神是人们不可或缺的一种基本素养。但长期以来,课堂教学以单一的个体学习为主,重个人能力,轻团体协同;重独立思考,轻群体合作;重师生交流,轻横向沟通,从而造成学生缺少合作精神和团队意识,不善于听取别人的意见,不善于与人沟通。

心理语言学的研究表明:人们学习语言的主要途径之一是互动,或者交流。对语言学习的研究也表明,学习者的语言系统是通过有目的的交流活动发展起来的。因此,课堂教学可否为学生提供大量互动的机会就成为能否掌握语言的关键。新的教学理念所倡导的任务型语言教学的特点之一,就是有大量的结对练习和小组活动。学生在完成各种各样任务的时候,运用语言的机会也大大地增加了。

如果彼此都知道对方要说什么,这种活动还不是真正意义上的交流。互动是为了交流信息，完成一个任务，做成一件事情。比如两个学生谈论自己家人的出生地、祖父母、父母等，教师可以给每个学生各一张卡片，卡片上可能是这样的：

学生 A

Name：Grandfather

Birth place：Shanghai

Birth date：June 1，1942

Historical background of that time

学生 B

Name：Father

Birth place：Beijing

Birth date：Dec 28，1966

Historical background

学生要通过相互提问，才能得知对方卡片上的信息，并需要把对方提供的信息记下来，然后向其他同学介绍。这种活动有着明确的目的，就是获取对方卡片上的信息并把信息交流给他人。这样的活动才是“互动”。

所以说，合作学习是指学生在小组或团队中为了完成共同的任务，有明确的责任分工的互助性学习。它有以下几个方面的要素：积极承担在完成共同任务中个人的责任；积极地相互支持、配合，特别是面对面的促进性地互动；期望所有学生能进行有效的沟通，建立并维护小组成员之间的相互信任，有效地解决组内冲突；对于各人完成的任务进行小组加工；对共同活动的成效进行评估，寻求提高其有效性的途径。

合作学习既有助于培养学生的合作精神、团队意识和集体观念，又有助于培养学生的竞争意识与竞争能力；合作学习还有助于因材施教，可以弥补一个教师难以面向有差异的众多学生教学的不足，从而真正实现使每个学生都得到发展的目标。

（三）探究学习

所谓探究学习就是从学科领域或现实社会生活中选择研究主题，在教学中创设一种类似于学术（或科学）研究的情境，让学生通过独立发现问题、实验、操作、调查、搜集与处理信息、表达与交流等探索活动，获得知识与技能，发展情感与态度，特别是探索精神和创新能力。

探究学习可分为两大类：接受式探究与发现式探究。在接受式的探究学习中，信息由学生自主地从现有的资源（如图书馆、互联网、广播电视等多种媒体）中直接搜索或向有关人士直接询问。所搜集到的信息是现成的，略加整理即可。例如，学习关于 festivals 的话题时，就可以搜集自己感兴趣的任何国家的特别节日，并准备好在小组活动时进行交流。由于这是学生从现有资源中主动搜集而成，因此是接受式探究学习。这种学习方式也可用于词汇、语法、英语国家的概况、重要人物的生平等方面的学习。

在发现式探究学习中则没有现成的资源可直接搜集到，而必须由探究者经过观察、实验调查、解读、研讨等活动过程，通过整理分析来获得或发现。如有的教材要求学生写菜谱，这种活动非常有趣，以小组为单位把各自提前准备好的物质材料和语言材料、制作过程及菜品特点给大家做个展示，要求学生独自创新，菜谱越独特，获得的评价会越高，最后在小组推选出的菜品中再选出最佳菜肴。此外学生也可以研究英语词语的用法规律，开展英汉语言特点对比等研究。由此看来，发现式探究学习具有更强的问题性、实践性、参与性和开放性。通过经历探究过程以获得理智和情感体验、建构知识、掌握解决问题的方法，这也是探究学习要达到的三个目标。“记录在纸上的思想就如同某人留在沙上的脚印，我们也许能看到他走过的路径，但若想知道他在路上看见了什么东西，就必须用我们自己的眼睛。”德国哲学家叔本华的这番话很好地道出了探究学习的重要价值。

高中英语课程设计反映了当代教育改革的发展趋势，采取必修课与选修课相结合的课程设置模式，为探究式学习提供了很大的空间。学生应真正成为学习的主体，教师发挥指导、促进作用，帮助学生自己去探究，去学习，使“要我学”转变为“我要学”。

自主学习、合作学习、探究学习并不是同一尺度上的学习方式，它们反映了三种不同的价值取向。自主学习强调的是培养学生主动、独立的学习能力，为自主发展和适应社会奠定基础。合作学习强调的是协作、分享精神，为学生在社会性的群体中的适应和发展做准备。探究学习强调培养学生探究未知世界的能力，为学生能够创造出更多的新的思维产品奠定基础。这三种价值取向相互并行而又互为补充，缺一不可。当然，还有其他的学习方式，如教学实践中仍需要一定的接受式学习等。

第三节　新课程高中英语教学方式

一、教学方式的基本概念及其重要意义

教学方式是教学行为的方法和形式，指依据课程标准所采取的教学方法和教学组织形式。教学方式的转变也是课程改革的主要内容。

课程改革的主题是促进每个学生的发展。为了有效地促进学生的发展，转变和优化学习方式不是一句空话，需要每个教师在教学实践中付诸行动，落实于课堂。陶行知先生说过：“先生的责任不在教，而在于教学，教学生学。”新课程要求教师由知识的传播者转变为学生主动建构意义的帮助者、促进者。所以，教师在教学活动中的角色是学生学习的组织者、引导者和合作者。教师应利用英语语言自身的魅力着力于激发学生的学习积极性，向学生

提供宽松的学习空间,尽可能多地给学生提供参与语言实践的机会,帮助学生在自主、合作、探究学习活动中真正理解和掌握基本知识与技能、过程与方法、情感态度与价值观,成为学习活动的主人。因此,变革学习方式势在必行,教师教学行为的转变也势在必行。新课标中明确指出,教师要积极探索有效的教与学的方式,研究如何在教学中将语言知识转化为学生的语言运用能力,帮助学生正确理解和表达意义、意图、情感和态度,努力实践指向学科核心素养发展的英语学习活动观,实施深度教学,落实培养学生英语学科核心素养的目标。”

因此,自主、合作和探究的学习方式是打好高中英语课程的共同基础的必由之路。自主解决问题,在人际交往中得体地使用英语是衡量学生英语水平的真正标准。我们的教学方式必须着眼于对学生潜能的唤醒、开发与提升,促进学生的自主发展;着眼于学生的全面成长,促进学生认知、情感、态度、策略与技能等全方面发展;关注学生的生活环境和独特需要,促进他们有特色的发展;关注学生的终身学习的愿望和能力的培养,促进学生的可持续发展。因此,最适合学生全面发展需要的教学方式才是最有效的。

二、努力实践有利于学生发展的教学方式

此次课程改革首先通过课程结构的调整,使学生的活动时间和空间在课程中获得了充分的重视。同时,新课程通过改变学习内容的呈现方式,确立学生的主体地位,促使学生积极主动地去学习,使学习过程变成学生不断提出问题、解决问题的探索过程,并能针对不同的学习内容,选择不同的学习方式,使学生的学习变得丰富而有个性。因此,教学方式就应该相应地转到优化学生的学习方式上面来。

(一)满足学生需求,提供自主学习空间的教学方式

教育的宗旨在于培养自主的学习者,也就是能够进行有意义的学习并养成终身爱好学习的学习者。那么,如何才能“授人以渔”而非“授人以鱼”呢?

20 世纪 80 年代以来,建构主义学习理论成为主流,该理论指导下的教育观以学生为中心,提倡学生主动学习,重视学习结果和学习质量;重视培养学习者的学习能力、思考能力和自我约束能力,而不是简单的灌输;教师应成为学生的指导者和朋友,而不是发号施令的“权威人物”等。建构主义的主要观点更加接近学习的实质,正有力地指导着各国教育改革的方向。

那么,如何才能满足学生的需求呢?最重要的一点就是课堂教学不能由教师主宰,而应以学生为本,留足有利于学生主动发展的时间和空间。以阅读教学为例,以往很多教师在课堂上使用大量的时间来讲述语言点、串讲课文、解释语法现象等,留给学生自己去做的事情很少。比如,代替学生回答问题、总结课文大意、造句等。课文中出现的关键词,很多教师在课堂上把它们写出来,然后让学生读。其实,高中生完全有能力自主探究词汇意思、文章主

题思想及重点结构等。比如,在学习 Vocabulary 部分时,应该主要让学生结合课文的阅读自行查阅工具书,分析归纳词语的用法,甚至可以根据自己的情况扩充更多的相关知识,而不是仅仅局限于教材。教师在学生自主学习的过程中起一个帮助者、指导者的作用,而绝不应该把知识"强加"给学生。

学习任何知识的最佳途径是由自己去发现。对知识而言,学生独立思考,相互讨论、交流、澄清的过程就是自己发现的过程。许多学生都渴望责任、自治和独立,他们同时也想拥有参与、选择课堂活动的权利,以及与教师共享管理课堂的权利。我们相信,当教师学会和学生分享学习过程,参与学生活动,把学生看作自我指导的学习者的时候,就能成功地培养出更加负责任、更有独立性和富有健全人格的学生。

(二)鼓励积极参与,创建合作学习氛围的教学方式

合作学习是 20 世纪 70 年代中期至 80 年代中期取得实质性进展的一种教学理论和策略体系。合作学习教学法以现代社会心理学、教育学、认知心理学等理论为基础,充分重视利用课堂教学中的人际关系,设计教学目标,通过学生与学生之间及教师与学生之间,甚至教师与教师之间的合作活动,来达到共同提高学习成绩的目的,并最终培养学生良好的心理素质和合作意识。新课程积极倡导合作交流这种学习方式,具有很强的针对性。

在英语课堂教学中,合作学习的适用范围很广,如共同探讨课文信息背景、扫除阅读理解障碍、观点交流、评价与欣赏等。合作学习的方式以小组活动为主。小组划分可以有以下几种类型。

(1)学生自由组合。这样的分组会使学生的配合更默契,合作易于成功。

(2)教师根据学生的特点来划分小组。这就要求教师充分考虑到学生的各方面的能力、学习成绩、性格特点等因素,以求成员之间有一定的互补性。

(3)就近分组。比如同位合作、前后座位的四人小组等。这种分组适合于课堂上一般性语言操练。当然教师还可以根据班级的不同特点进行灵活的分组学习,不必拘泥于形式。

在合作法教学中教师应当以集体授课为基础、以小组互动为形式,并通过小组信息反馈与教师检测来达到预定的教学目标。比如在训练口语交际技能时教师首先要设计语言情景,介绍常用词语,做好示范引导,之后再让学生通过合作途径进行操练。其实,合作法教学在语法教学等方面都可以加以运用。比如,在学习虚拟语气这一语法现象时,教师先以下面的例句开始:"If I had millions of dollars,I would first travel around the world."然后提问:"What about you?"由此展开,进行小组活动:"If I had a million dollars,I would..."或者"If I were a millionaire,I would..."这样产生师生之间、学生之间的互动,从而使学生比较容易地感受到条件式虚拟语气的特点并加以正确的运用。

小组合作学习是推进合作交流、培养合作精神的主要途径。它可以最大限度地发挥小

组的整体功能，通过学生之间的优差互补，集思广益，寻找答案，解决问题；同时，还可以完成学生之间的思想沟通和情感交流，让每个学生都体验到合作的乐趣和成功的愉悦，达到培养学生的合作能力和团队意识的目的。

（三）开发利用智力，指导探究性学习的教学方式

高中学生喜欢实验和交流，善于实践和探究，并能从中感受到学习的乐趣。这与他们的智力发展有关。Gardner 认为：智力是在单元或多元文化环境中解决问题并创造一定价值的能力；智力是一整套使人们能够在生活中解决各种问题的能力；智力是人们在发现难题或寻求解决问题的方法时不断积累新知识的能力。在高中英语教学中充分利用学生的心智优势，培养分析问题和探究解决问题的能力，是新课程提倡的理念。

高中教学的每个环节都有需要探究的内容，如语言规则的掌握调整、任务的完成等。教学中应创设生动、有趣的情景，使学生产生兴趣，激发其探究的欲望，在探究过程中学习。以单元教学为例，在讲授 The Internet and Tele communication 这一单元时，在学生完成教材交代的单元任务 Prepare a poster describing the use of the Internet 后，可以以此为题要求每个小组做一个社会调查，调查对象可以包括教师、家长、学生、知名人士等，最后每个小组上交一份英文调查报告在宣传栏内展示。这样，每个学生在领到任务后会积极思考并行动起来。当然，完成任务需要一定的时间，但是这种教学方式会使学生在很长时间以后还对自己所学到的知识记忆犹新，甚至会使其对事物的认知方式发生变化，比如学会辩证地对待新生事物。

探究性教学方式与传统的教学方式相比，有了重大的转变：由重教师传授向重学生自主探究转变；由重结果向重过程转变；由重信息单向交流向重多向交流转变。这样，可以给学生学习与探索的时空，让学生去享受学习的乐趣与成就。

（四）关注个体差异，综合运用教学技巧的教学方式

新课程强调个性化教学，指出“教学应力求满足不同类型和不同层次学生的需求，使每个学生的身心得到健康的发展”。

根据多元认知理论，每个人都拥有多种智能，只是某些智能的发达程度和智能组合的情况不同。即使有些学生在任何一项智能上都没有特殊的天赋，但经过智能的组合或整合，可以在某个方面表现得很突出。但是，如果没有得到智能开发的机会，不管其具有多大的生理潜能，都不可能发展出相应的智能。每一种智能在个体身上的表现形式和发展程度各不相同，有的人只有一种或几种比较突出，但其他方面相对缺乏。比如，有的人语言智能、数理逻辑智能很强，但人际交往智能或音乐智能较弱。学校教育不只是传授知识，更重要的是引导学生发展智能。以发展为轴心的多元智能理论强调以不同的教学活动来激发学生的各种潜能。

在实施新课程的过程中,教师要对学生的水平和需求进行深入了解,尊重特殊需要,发现并挖掘每个学生的潜能,使学生在学习语言的过程中发展各方面的智能,促进学生整体素质的提高。目前很多学校进行的分层次教学就是尊重了个体智能差异、个体认知水平差异,在实践中取得了一定的成绩。一个班级学生的水平参差不齐,这就要求教师在教学过程中要抛弃"一刀切""一锅煮"的旧的教学模式,针对不同水平甚至不同个性的学生设计不同的任务、活动形式直至目标评价等。比如在说的技能训练中,对性格外向、善于表达的学生,在Speaking activity一开始就提供机会,让他们先行表现,既展示了他们的优势,使其体验成就感,又给其他同学提供了示范,接下来便可以按照不同层次进行操练,让所有学生都树立起参与和表达的信心。再比如,有不少同学音乐智能很突出,教师就要充分利用教材中以及课外的音乐资源,把音乐和学习内容有机地结合起来。研究表明,听歌会促进输入、消化、吸收目的语,可以提高音乐理解力,有助于对语音、节奏等语言要素的感知,接受目的语言的文化熏陶,激发学习英语的兴趣和动机。

(五)增加语言实践,开展任务型活动的教学方式

新课标提倡把综合语言运用能力的培养落实在教学过程中,倡导体验、实践、参与、交流和合作的学习方式,实现任务的目标,感受成功,强调学生能用英语做事情。任务型语言教学通过学生之间的互动过程,大量增加语言输入与输出的量,这不仅有助于激发学生学习的主动性,还给学生提供了综合使用语言的机会,使学生有可能整体地掌握语言,综合地运用语言,并将以前学过的语言重新组合,创造性地使用语言。

实施任务型教学,要搞好任务的设计。成功的任务设计应该使学生学会用所学的语言进行交流,能使学生通过完成一个任务或一系列任务来运用某些语言知识。大量的小组活动是很有效的学习活动之一。在设计任务时,不仅要有独立完成的任务,还应有更多的小组活动和结对练习。在小组活动时,学生有了更多交流的机会,而教师应给予必要的帮助。任务的设计还应由易到难,充分考虑学生的兴趣,当前的能力和完成任务所需要的时间。任务应适合不同层次的学生,可以考虑给不同能力的学生不同的任务。学生可以自由选择完成一个任务的方式及完成的顺序,并在最初的基础上修改或重做。任务型教学自始至终引导学生通过完成具体的任务来学习语言,让学生为了特定的学习目标去实施特定的语言行动,通过完成特定的交际任务来获得知识积累的方法。

任务的分类多种多样,以下列举了可在课堂上常用的任务活动。这些任务可以用于各种话题以及听、说、读、写各类语言技能的培养。任务既可以单独进行,也可以组合进行。

1.编目(listing)

这类任务可以是全班,也可以分组结对或单独进行。如描绘一个人的积极品质和消极品质等。在全班或小组活动中,可以就某个话题自由讨论(brain storm),然后列出大家已知

的情况,开展交流。

2.排序与分类(ordering and sorting)

把活动、事件等按逻辑或时空顺序排列。比如 OLYMPICS 这个话题,可以根据自己喜欢的比赛项目按喜欢程度依次排序等。

3.对比(comparing)

对比任务通常是把相同性质的事物或任务进行比较,找出其共同点或不同点。如英国英语和美国英语在拼写和发音等方面的不同等。

4.解决问题(problem solving)

如找出文章 Internet 的隐含意义,或根据 Internet 的积极因素和消极因素设计使用准则等。

5.创造性任务(creative tasks)

这种任务往往需要一个小组的学生共同完成,而且可能不仅涉及学校生活,还要延伸到课外活动,如中、英两种语言在社会生活中的相互影响等。

要掌握一门外语,不是靠单纯学习语言和训练语言技能就能实现的。掌握语言大多是在完成任务、开展交际活动中使用语言的结果。任务型教学为学生提供了更多的语言实践机会,同时也十分关注语言形式的学习,从而使学生达到掌握英语的目的。

第四节　新课程高中英语教师与学生的角色

无论是教师还是学生,在学校教育的大环境里,他们都担当着多种角色。由于本章探讨的是教学设计,因此,这里将围绕着课堂教学讨论教师与学生的角色。

一、教师的角色

传统的教学模式基本上是以教师为中心,教师就是权威,师生之间是命令与服从的关系。新课标强调“关注信息化环境下的教学改革,着力发展学生的核心素养”,要求教师“教师要积极探索有效的教与学的方式,研究如何在教学中将语言知识转化为学生的语言运用能力,帮助学生正确理解和表达意义意图、情感和态度,努力实践指向学科核心素养发展的英语学习活动观,实施深度教学,落实培养学生英语学科核心素养的目标。”。从英语课堂教学的全过程来看,教师的角色应体现在如下几个方面。

(一)课堂活动的设计和组织者

在设计一堂课时,教师首先要确定教学目标,然后设计为实现教学目标所需要进行的具体活动。教学目标的实现取决于教学活动的有效进行,因此,如何组织教学活动就成了我们首先关注的问题。在组织教学活动时,教师要注意:首先要让学生明白活动的步骤。教师在交代活动或任务时所使用的英语应该尽量简单,让学生听得懂,必要时做示范以帮助学生理解。其次,要让学生明白活动的目的。比如在学习了一篇关于环境污染的课文之后,为了让学生学习使用课文中的语言项目设计一个看图写句子的活动,教师可以这样讲明目的:The idea of this activity is to see how well you can use the words and expressions we' ve learned in this text."明白了活动的步骤和目的,学生就会知道自己应该做什么,为什么这样做,从而提高活动的功效。最后,课堂教学环节的过渡要自然、顺畅,教学活动的难度要有层次。

(二)学生主动学习的促进者

新课程要求教师不要一味地向学生传授知识,使学生处于被动接受的状态,而应该激励学生独立思考、积极探究,自己去探求知识,去寻找问题的答案。在促进学生主动学习方面,教师可采取多种措施,如提出问题,其难度在学生英语水平之内或略微高出;引导学生归纳语言知识,比如在讲授定语从句的时候,教师先引导学生找出课文中带定语从句的句子,让学生在理解意义和结构的基础上对句子进行分析,找出规律,总结出定语从句的构成。

(三)学生语言实践的指导者

在学生进行语言实践的过程中,教师的指导作用是不可低估的。教师要能指明方向、提供资源、提供选择、帮助判断并给予鼓励。在指导学生进行语言实践的时候,教师要始终遵循以学生为主体的原则,关注学生的表达及反应,只有当学生需要的时候才给予适当的帮助。如果就某个话题进行讨论,在学生热烈发言的时候,教师是一个倾听者,一边听一边记下学生发言的要点以及严重的语言错误;当学生因不知如何表达而卡壳的时候,教师及时地进行引导;对于学生的优秀表现教师应给予肯定和称赞;当讨论中出现长时间的沉默时,教师应提出问题把学生的思路引上轨道;在学生发言结束后,教师对学生发表的观点给予反馈,并对严重的语言错误加以指正。在现实教学中,很多教师习惯于在学生活动过程中频繁插话,这是不恰当的。

(四)语言训练活动的监控者

现代教育观念认为,教师与学生是平等的关系。但是,教师仍需注意对课堂活动进行适当监控。在语言的三种练习形式即机械练习、有意义的练习和交际性练习中,机械练习的目的是加强语言的准确性。在进行机械练习时,教师必须控制学生的语言,并引导学生用正确的语言形式进行表达。在进行有意义的练习时,教师也不能忽视语言错误。但是,在进行交际性练习的时候,教师就不能一听到语言错误就打断学生,而是应把注意力放在内容上,看学生能否表达出自己的思想，当然，对严重的语言错误应该在交际活动完成之后以婉转的方式指出，但不必要求学生立即重复正确的语言形式。

另外，教师还应该控制课堂活动的时间。教学是按计划进行的，有时课堂上突发的情形要求教师必须灵活地调整教学计划，但是调整的幅度必须有一定的控制。原来计划用5分钟进行的活动，由于学生兴致很高，结果进行了10分钟还未结束。如果该项活动的目的已经达到，并且如果再延长时间有可能影响到下一步教学的话，教师就应该以不打击学生情绪的方式停止该项活动。假如某个学生发言时间过长，使别人没有机会发表意见，教师也可以找准时机委婉地打断他，比如："Good! What you said is interesting. Now do you want to see what other people are thinking about it?"有效地控制课堂活动时间是完成教学计划的保证。

当然，当大部分学生的理解、认知或语言实践活动没有按预期完成时，就要更改教学进程，增加学习时间或调整教学方法。

（五）规范语言的示范者

一名优秀的英语教师必须是规范语言的示范者。教师用英语授课，其本身就是对学生进行语言输入，经常性的错误语言输入必然导致错误的语言输出，这种错误的表达会使学生养成一种习惯，若要改正就需要付出很大的努力。教师的任务不仅是帮助学生使用正确的语言，教师自己也要始终使用正确的语言。

（六）语言实践活动的参与者

教师除了组织、指导、控制语言实践活动之外，还需要参与到活动之中。教师的参与应该起到解决疑难或者示范的作用。在角色扮演中，教师可以扮演一个对学生来讲有难度的角色，使用学生能够理解的语言，表达学生不会表达的意思，从而使活动顺利进行下去。在进行讨论时，教师也可以发表自己的观点，并且允许学生质疑和反驳。参与语言实践活动时，教师是一个平等的参加者，是合作者，而不是支配者，切不可唱独角戏。

（七）学习活动的评价者

评价是教师的一项重要工作，评价能使教师了解学生的学习状况，为因材施教提供依据，从而提高教学效果。在课堂上，教师要对学生学习过程中的表现进行全面的评价，对所取得的成绩给予肯定，对存在的问题也要给予反馈。无论是成绩还是问题，归根结底都与学生本身的情感、态度、学习策略、学习习惯，以及教师的教学方法有关。因此，评价学生的情感、态度、学习策略和学习习惯是课堂教学评价的重要组成部分，反过来能够促进教师教学方法的改进。

评价学生课堂学习的具体内容要以每一节课的教学目标为依据。比如，教学目标是"使学生能够抓住文章的中心思想和主要细节，并能够根据上下文和句子结构猜测某些单词的词义”，那么，在评价的时候，教师首先应该检查学生的理解程度，对正确的理解及适当的阅读技巧的运用给予肯定，对理解错误或阅读中遇到的困难进行分析，找出导致这些问题的原因，如是否集中注意力，是否有词汇或语法困难，是否缺乏背景知识，阅读速度是否适当，是否懂得相应的阅读技巧等，然后将原因反馈给学生并给予指点和鼓励。评价应有益于帮助学生树立自信心，有益于帮助学生根据阶段性学习目标和自己的学习情况确定并采用恰当的学习策略，有益于培养学生的自学能力。

二、学生的角色

传统的英语教学中，学生经常处于被动接受知识的位置，上课就是听老师讲，任务就是把老师讲的知识记在脑子里，其结果往往是造成死记硬背，扼杀了创造力，难以培养学生运用英语的能力。新课程强调改变学习方式，教学中不仅要关注教师“怎样教”，更应关注学生“怎样学”。教师除了充当好自己的角色外，还要帮助学生充当好学习者的角色，具体包括以下几方面：

（一）积极的倾听者

教学内容要通过教师的教学来实现。教师通过教学使学生了解学习内容、明确学习目标、理解基本概念、进行语言实践、掌握学习方法。一个学生如果从开始就有认真听课的好习惯，并且积极参加语言实践，经常复习、巩固所学知识，他的英语学习就会稳步取得进展。相反，如果学生上课不专心，“学习”的行为就不可能发生，知识和能力的获得就根本无法实现。因此，教师必须靠激情、智慧、幽默及循循善诱来吸引学生的注意力。如果一个学生听讲有困难，就需要教师帮他寻找原因，并采取相应的措施。

（二）主动的参与者

教师必须让学生明白，英语课是实践性很强的一门课程。如果只是理解了教材中的知识或概念而没有进行语言实践，那么，使用英语的能力是不能培养起来的。语言实践涉及听、说、读、写四项技能的训练、应用语法知识的训练以及语音、词汇训练等。课堂上，教师应通过设计有趣、有用而可行的活动调动起学生的积极性，使他们积极参加到语言实践中来。在活动中，教师要通过营造宽松的气氛帮助学生克服胆怯心理，使他们不怕出错，不怕别人嘲笑。

（三）独立的思考者

课堂上，教师要对学生进行各种学习指导。教师的指导是为了给学生提供帮助，使学习活动顺利进行下去，让学生学有所得。但是，有时教师也会犯错误或者进行误导。一个坦诚的教师不但能够客观地认识到这一点，而且注重培养学生自己判断正误的能力，使学生既信任老师，又不盲目依赖老师，并且还时常与老师共同探讨问题，发表自己的见解。

（四）自主的探究者

学生不能只是充当一个容器，单纯被动地接受教师传授的知识，而是要善于提出问题，积极进行探究，尝试寻找问题的答案。在英语课上，能够让学生进行探究的一个重要领域就是语言知识，比如语法规则、拼写规则、读音规则，以及词的构成。如果教师采用归纳法进行语言知识教学，就易于给学生创造探究的机会，因为归纳法要求学生在理解分析例句的基础上尝试寻找规律，总结规则。另外，教师通过布置课外作业，比如查找课文的背景资料或进一步了解课文涉及的某些方面的知识，能够使学生有更多的时间和空间进行探究，因为他们可以充分利用课外书、互联网等各种学习资源。

（五）愉快的合作者

学习英语需要与人交际，在交际的过程中练习语言项目，尝试使用英语，因此，合作学习是必不可少的。教师首先要培养学生的合作意识，可以给他们布置活动，比如对话练习、互查作业、互相指导、互相评价、小组间的竞赛等活动，使他们在活动的过程中体会合作的意义，认识到通过合作大家可以共同取得进步。另外，还要让学生懂得合作的技巧，学会与人合作。一个合作小组，不论是两人还是多人，都是一个整体，组员之间是平等的关系，每人都应该有发言的机会，每人又都应该倾听别人的发言，任何人都不可嘲笑或控制别人。当意见不一致时，要学会协商。在小组中倡导互助精神，当组员学习上遇到困难时，大家都应该伸出援助之手。

（六）自觉的调控者

培养学生终身学习的能力是高中教育的最终目标。在培养能力的过程中，教师需要引导学生经常对自己的学习做出反省，看看自己取得了哪些进步，存在什么问题，问题的原因何在。对英语学习的反省涉及课堂教学内容的掌握、目前运用英语的能力、成功与失败的原因、自己的学习特点、与其他同学的比较、与课程标准的距离以及改进学习的设想等。通过经常性的反省，学生能够认识自己，总结出适合自己的学习方法，形成自己独特的学习风格，从而在学习上逐步走向独立和成熟。

第五节　新课程高中英语课程资源

课程资源不单纯指一套或几套教材，它是课程设计、编制、实施和评价等整个教学过程中一切可以利用的人力、物力及自然资源的总和。英语课程资源指一切有利于或有助于实施英语课程、实现课程目标、发展学生综合语言运用能力的物质条件和包括环境、氛围等在内的其他非物质条件。物质条件方面的资源主要包括英语教材、教学设施、书刊、音像产品以及网络信息等；非物质方面的资源主要有学生、教师、家长和有助于英语课程实施和发展的一切可利用的人文环境和智力资源。

高中英语学习的资源极其广泛。立足教材，在创造性利用教材的基础上积极开发其他可以进入教学领域的有效资源是高质量教学的保障。教师是教材的实施者、组织者，教师的教学观、知识观和学生观都会影响他们对课程资源的认识和开发。课程资源具有多样性，同一种资源具备多种利用价值。不同的教师对同样的资源会有不同的利用价值。课程资源的有效开发和利用，是保证新课程顺利实施的基本条件。

教师对课程资源的开发是适应新的以学生为本的教育理念的要求，也是教师作为新的研究型教育人才的体现。杜威在20世纪初就认识到了教师对课程的潜在贡献，他认为教师是尚未开发的巨大的课程资源。教师不再是忠实地执行“自上而下”的课程设计的匠人，而是一个有技能的实践者，有反思能力的教育者。教师不再孤立于课程及其资源之外，而是课程的有机构成部分。教师应当学会主动地、有创造性地利用一切可利用的资源为教育服务，还应该成为学生利用课程资源的榜样，引导学生利用多种课程资源进行学习，因为学生对多种课程资源的利用取决于教师对课程资源的开发和利用，教师采用什么样的教法，学生就用什么样的学法。教师和学生是课程资源的重要组成部分。教学资源如果由师生共同开发，就会是一个非常丰富的过程。教师和学生的人生观、价值观、生活经验等都是课程资源的重要组成部分，一旦让它们进入教学过程，就会成为有效的、活的课程资源。因此，在教学中教师要研究学生的学习方式，关注学生学习的动机和兴趣，给学生留下思考的余地，留下回味的空间；鼓励学生亲自参与自我探究，并与学生一道亲临知识的生产过程。

高中新课程对教学资源的开发和利用提出了很高的要求。新课标强调，教师应在利用传统的教学手段和教学资源（如黑板、白板、卡片、简笔画、教学挂图、模型、实物等教具）的同时，发挥现代教育技术对教与学的支持和服务功能，引导学生开展主动、个性化的探究活动，实现深度学习。例如，利用各种媒介开展移动学习和教学；指导学生合理利用电子词典等工具开展学习；使用数字化技术设计个性化学习平台；利用新媒体语篇开展主题阅读，扩大阅读量；通过网上专题讨论区开展写作教学；开展基于网络的同伴互评等。教师应给予学生充分的指导，让学生根据自己的学习需求和认知兴趣，自主选择和利用网络资源，多渠道、多方式地完成语言实践活动。教师在给学生布置网络学习任务时,自己应先浏览相关网站,确保网站信息的安全、健康、可用,并引导学生注意网络资源使用的安全性。师资条件相对薄弱的地区和学校应该积极创造条件,充分利用远程教育资源,有效推动和改进英语教学。现代信息技术的使用不能替代师生课堂上真实而鲜活的人际互动、观点碰撞、情感交流的语言活动,教师要充分认识现代信息技术与英语课程融合的目的性、恰当性、合理性和有效性。这是 21 世纪对人才的新要求,也是促进师生教与学的一个重要手段。

互联网络上提供了丰富、全面、高质量的英语教育资源。在互联网上,师生可以找到趣味性强、知识性强和时事性强的阅读材料。一些网站如高中英语多媒体教室(http://se24.nease.net),英语学习方法和资源(http://www.hrexam.com)和中国英语教研网(http://www.chinaETR.com)等既提供了可直接听到的英语节目,如英语新闻或者成语故事等听力材料,也有阅读、语法和作文的训练,还有专家提供疑难解答,对教师和学生都很有帮助。教师在教学过程中可以有意识地强化学生从包括网站等各种资源中获取知识和信息的能力。教师要首先提供一个主题,然后对学生们从各个信息源搜集到的材料进行汇总和归纳,对学生的自我探索予以鼓励。久而久之,自主的学习就变成了一种习惯。网络空间中有大量英语资料,这些资料是任何一座图书馆都无法比拟的。网络环境下的英语阅读教学得天独厚,极具广泛性,类型多样,内容全面,有文化、体育、保健、娱乐、历史、地理、生物、科技、环保等多方面知识;在形式上则有新闻报道、报刊杂志、原版读物、图片图表、分析推理等,涵盖了高中教材所涉及或是学生所关心的话题,且可以从多种角度激发学生的阅读兴趣。很多大中型网站都有搜索引擎,如 sina,sohu,google,baidu 等,只要输入关键词语,就可以进行快速搜索,操作便捷的搜索引擎大大方便了教师选材而且材料鲜活,易于更新。

由于客观条件的限制,教材中阅读材料往往陈旧、过时,而网络上不断更新的动态数据可以为学生提供最新的相关资料。如学习课文 The Olympic Games(人教新课标必修二 unit2)时,可以在 http://www.olympic.org 上找到奥运会的新闻及背景知识,还可以在 http://www.beijing-2008.org 的 English 版选摘北京申奥的具体进程;这可以使学生真正领会到通过阅读了解热点问题的乐趣。对较窄的主题(如 Angkor Wat,Sherlock Holmes)可以采用大型搜索引擎但对一个相对宽泛主题(如 Gymnastics,Food)则应选择分类的网站进行查询,以避免在数千个甚至数万个结果中进行二次选择的艰辛。常用的课文背景知识网站有(括号内为 IP 地址):

国际奥委会官方网站 http://www.olympic.org(193.178.244.3);

绿色和平组织网站 http://www.greenpeace.org(212.19.215.67);

纽约建筑大观 http://www.nyskyscrapers.com(66.12.167.108);

迪斯尼网站 http://www.disney.com(63.70.47.55);

世界野生动物基金会 http://www,worldwildlife.org(216.109.67.70);

诺贝尔奖网上博物馆 http://www.noble.se(130.242.18.21);

莎士比亚研究 http://www.shakespeare.com(64.33.13.231);

美国航空航天局 http://www.nasa.gov(198.116.142.34);

海伦凯勒残疾人事业网 http://www.hkworld.org(63.224.31.194);

美国乡村音乐史 http://www.roughstock.com(205.159.243.121);

西方文学网 http://www.bibliomania.com(209.123.228.136);

美国《读者文摘》网 http://www.rd,com(164.109.22.52);

探索网站 http://www.discovery.com(216.35.209.171);

地球与太空网 http://www.earthsky.com(207.193.63.17)等。

当然,网络材料并不一定都很健康有益,难度也不一定适宜,教师应进行初步的筛选,然后根据设计意图进行再加工(如注解或替换部分生词、设计阅读任务等)。科学组合后的材料可以在加深学生对教材的理解、补充文化知识的同时,通过激发阅读的自主性逐步提高他们的阅读水平。

理地利用新的课程资源,教师除了更新教材观和学生观之外,还要更新知识结构,掌握过硬的网络使用技术,同时要拥有深厚的文化底蕴。一般说来,教师对于英语的交际文化(如问候、邀请、称赞、致谢、道歉、求助等)更为熟悉,而对于知识文化(如宗教、社会、政治、经济、文学艺术等)则了解不多。新课标中对学生的文化知识提出了较高的要求,例如,选修(提高类)要求学生:了解英美等国家的主要文化特色,吸收国外的优秀文化成果;了解世界重要历史文化现象的渊源,认识人类发展的相互依赖性和共同价值,树立人类命运共同体意识;了解英美等国家对外关系特别是对华关系的历史和现状,加深对祖国的热爱,捍卫国家尊严和利益;理解和欣赏经典演讲、文学名著、名人传记等,感悟其精神内涵,反思自己的人生成长;在学习活动中观察和赏析语篇包含的审美元素(形式、意蕴等),获得审美体验,形成对语言和事物的审美感知能力;运用中外典故和有代表性的文化标志表达意义和态度,有效进行跨文化沟通;了解中国对外经济、政治、文化的积极影响,感悟中华文明在世界历史中的重要地位,树立中华文化自觉,坚定文化自信。这些目标需要英语教师在课上结合教材内容及所教学生的特点进行适时的介绍。如果教师对相关知识没有较为系统的了解,则难免会在教学中疲于应付。

依据新课标编写的高中英语教科书,除结构处理与活动设计上进一步体现任务型教学思想外,还增加了学生喜闻乐见的话题与素材。教材中渗透了社会科学和自然科学、信息技术、航天技术、环保等多种学科知识,而且大量活动需要师生共同结合课内外相关知识来进行。显然,一个兴趣单一、知识面窄、求知欲差的教师绝不可能胜任新课程的教学工作。阅读适当的英文报刊来拓宽知识视野是教师专业发展的需要。

课程资源的开发要做到因地制宜,注重实效,而不是盲目地开发,一味地增加学生及家长的负担,要有效利用有意义的资源,避免资源浪费。目前,有些学校在实施“英语大课堂”的活动中,建立了英语阅览室、英语听音室和英语广播站,有计划地指导学生进行课外英语学习和实践,对英语教学产生了很大的促进作用。在实施新课程的过程中,要更好地发挥这些资源的作用。

教学资源和手段并不是越复杂越好。有的教师在上课时使用了多种教学资源,学生看得眼花缭乱,一节课下来倒是觉得新鲜,只是忘记了这节课的重点是什么,反而影响了教学效果。同时要避免偏重学科知识资源的开发与利用,忽略学科知识的新进展和各学科知识之间的相互渗透与融合等资源的开发和利用。教师积极而有创造性地利用多种资源,给学生提供贴近实际、贴近生活、贴近时代的内容,健康和丰富的课程资源,打破教材的束缚,可以改变学生被动的学习状态,实现学生在教学中的主体地位。此外,教师要把住各种教辅资料的质量关,防止粗制滥造的书刊资料进入课堂和学生的书包。

第六节　新课程高中英语教育技术

高中英语新课程提倡充分利用现代教育技术,开发英语教学资源,拓宽学生学习渠道,改进学生的学习方式,提高学生的学习效率。在条件许可的情况下,教师应充分利用各种听觉和视觉手段,例如挂图、音像等,丰富教学内容和形式,促进学生课堂学习;要利用计算机和多媒体教学软件,探索新的教学模式,促进学生的个性化学习;要开发和利用广播电视、英语报刊、图书馆和网络等多种资源,为学生创造自主学习的条件。

教育技术对提高教学效益的意义是不容置疑的。了解现代教育技术的含义,开发并合理利用以现代信息技术为载体的英语学习资源,实现现代信息技术与英语教学的整合,是英语教师必须重视的课题。

一、教育技术的含义

美国教育传播与技术协会曾发布关于教育技术的定义:“教育技术是对学习过程和学习资源进行设计、开发、运用、管理和评价的理论和实践。(Instructional technology is the theory and practice of design develop utilization, management, and evaluation of processes and resources for learning.)”我国广大教育技术工作者对教育技术做出的定义是:“教育技术是运用现代教育理论和现代信息技术通过对教学过程和教学资源的设计、开发、应用、评价和管理以实现教学过程和教学资源最优化的理论与实践。”现代科学技术可以反映在教学过程中所应用的一切现代的辅助设施和技术,包括利用声、光、电等技术的设备和现代化的、超前的教育观念和思维方式。其特点是直观性强、信息量大。现代教育技术的发展不仅推动了教育方法和教育手段的改进，还推动了教育思想和教育方式的改进。

教育技术在学校教育中的应用，从有线广播、校内电台、录音机，到幻灯机投影仪，再到闭路电视、语言听力实验室、电脑、多媒体设备、校园网的建设，经历了多个阶段。伴随不同的阶段，不同的教育思想、教学法、教材应时出现，给教育发展带来了勃勃生机。

现代教育媒体的介入，极大地丰富了课堂教学的方式和结构，使现代课堂教学具有传统教学不可比拟的优越性，尤其是多媒体和网络技术的介入，大大优化了英语课堂教学。因为多媒体技术对文本（text）、图形（graph）、静止图像（still Image）、声音（audio）、动画（animation）和视频（video）等信息具有集成处理的能力，可以为学生提供一个全方位学习英语的交互环境；网络技术由于资源共享，信息全面、量大、实时、快速，可在多方面补充英语教学资源，尤其是听力、阅读和书面表达等方面的材料。因而现代教育技术以它特有的科学性、形象性和运用的灵活性显示出其独特的内在魅力，促进教学形式的多姿多彩，使英语课堂教学得到了优化，从而提高了英语教学质量。

二、新课程为什么强调现代教育技术

新课标十分强调信息技术和互联网等现代教育技术的运用，主要出于下面两方面原因。

（一）时代的需要

21 世纪是知识经济时代，是信息时代。随着现代信息和网络科技的发展，互联网络已经成为信息传递和人们获取、处理信息的重要途径。人们运用国际互联网研究信息（research information）、购物、学习、与亲友交流、预订机票等。它使每个人都能够与世界上任何地方的人进行联络和交流。国际上谈及互联网络（the Internet）时常说："The Internet is all about information.""The 'information high way' refers to the Internet."可见，网络是信息的生命线。而在互联网络，80%的信息语言是英语。在 21 世纪，英语不再仅仅是一些英语国家的语言（the language of the English-speaking countries），它已经成为人们所公认的国际语言（the international language）。英语的基本能力和现代信息技术已经成为 21 世纪人所必备的基本素质。为此，英语课程顺应时代的需要，特别强调现代信息技术和互联网络在英语学习中的运用，以使广大学生在网络环境中发展综合语言运用能力，这种能力是他们今后生活、工作和学习所不可缺少的本领。

（二）教育的需要

实践证明，在教学中运用现代教育技术，具有多方面的效益：

（1）提高学生的学习兴趣，加深记忆，有利于提高学习效率。

（2）给学生提供更加丰富的学习资源和更为广阔的教学环境，激发学生的探究热情，有利于学生自主学习。

(3)促进学生之间的交流、互助,有利于学生的合作学习。

(4)强化学生利用信息技术的意识,提高运用信息技术的能力。

(5)激发教师的工作热情,将现代教育技术与课程整合,有利于教师指导作用的发挥。

(6)打破传统意义上的教师、教材对知识的垄断,有利于学生、教师、教材在平等的基础上交流和发展。

(7)快速传递和再现先进理念及优质教育资源,或培训教师,或直接授课,有利于教育教学的相对均衡发展。

(8)让学习者依据兴趣和需要自主地选择学习内容和进度等,为真正实现个性化学习提供可能,充分体现学生学习的主体性。

当前,国际互联网已成为对教育影响最大的因素。随着信息技术和互联网的发展,人们的学习方式也发生了根本性的变化。在许多发达国家,如果学习者愿意,就可以在家里完成不同的学习课程。例如:居住在佛罗里达的中学生可以免费通过网络完成中学的所有课程。目前我国也有了许多提供远程教育(distance education)的网络大学或学院等。因此,充分利用信息技术和网络资源不仅可以作为学校英语教育的补充,大大拓宽学生英语学习渠道,还可促进学生学习方式的改变。通过计算机和互联网,学生可以进行个性化和自主性的学习,可以根据自己的需要选择学习的内容和采取适合自己的学习方式,可以逐步提高通过网络获取和处理信息的能力、独立学习的能力,从而使他们掌握步入社会后终身学习的技能。

随着信息技术的发展,用信息技术解决问题的能力与读写算一样,已成为学生的基础能力。因此,教师在传授知识的同时,还要指导学生如何利用计算机和网络等工具更好地自主学习和探讨,培养学生继续学习的能力;教师应利用信息技术培养学生的创新精神和实践能力,提倡学生上网学习,并让他们了解常用的网址和如何进入所需的网站获取需要的知识;培养学生获取、处理信息的能力。例如:

(1)订阅网上英语杂志

网上英语杂志是面向英语学习者的免费杂志,其特点是可以通过电子邮件下载后阅读,方便而节省上网费用。例如:①索易(http://www.soim.com)主页提供了很多免费刊物,选中“全部刊物”,在随后出现的页面上按以下提示操作即可:a.选中您想要订的刊物(如英文天地);b.在下方的输入框中输入你的E-mail地址;c.点击免费订阅。②使用E-mail电子邮箱。如发E-mail到lessons-subscribe@ mlm.Englishlearner.com(邮件正文内容空白),可不定期收到一些阅读材料;或者发E-mail到majordomo@ msl.e-lists.com.cn,并在邮件正文中写上subscribe senior English,就可以收到一些阅读文选、外刊选读和针对高考的典型题型等。

(2)访问提供英语学习的站点

中国中小学教育教学网(http://www.k12.com.cn)主页上的“教师频道”,为广大英语教师提供了很多学习内容和课堂教学内容。选中英语学科，在网易(http://www.163.com)主页的“特色服务/网易免费电子杂志/英文 English”里面有很多英语阅读材料供您选择；在网大(http://www.netbig.com)的“教育频道/高考大本营”里提供了很多与高考有关的信息和英语学科的习题和试卷；在云南教育信息网(http://ynnu.yn.cninfo.net)主页的“英语学习”里，同样也为英语教学提供了很多的材料。

Dave's ESL Café 是一个由教师组成的为全球学习者解答疑惑的中心。在英语学习方面，我们可以通过互联网直接向有关教师提出各方面的问题，并能很快收到他们的答复。学习者可以直接聆“听”语言国英语教师的教导和点拨。以下是在网上学习者和教师之间往来咨询和解惑的内容。

Date: Monday, 21 July, 2003, at 9:18p.m.

Hello, I am back. Thanks for all the answers to the questions I pos there. I have a new one: Is it the same to use at home? Does that mean in my house? Does that mean in my home? Thank you in advance.

Javier

Date: Tuesday, 22 July, 2003, at 5:02 a.m.

Hello Javier,

"At home" is fine.

Peace

David

Date: Tuesday, 22 July, 2003, at 5:40 p.m.

In Response To: Re: Hme(David Brown)

Yes, I know at home is fine, but I would like to know if it has the same meaning or it can be used in the same way as in my house or in my home? Because I've seen these two other forms.

Thanks

Javier

Date: Wednesday, 23 July, 2003, at 5:03 a.m.

When I'm "at home", I'm "in my house" or "in my home". I hope this helps.

David

除以上所述外，还有许许多多的英语学习网站。以下是我国英语学习者经常访问的英语学习网站：

http://www.englishtown.com 英语城

http://www.bbc.co.uk/worldservice 英国广播公司

http://www.estcafe.com 英语咖啡屋

http://www.focusenglish.com 日常会话英语

http://www.iteslj.org 互联网英语期刊

http://www.manythings.com 英语语法与词汇测试

http://www.english.ac.cn 英语之声

http://www.cnnsf.com CNN 广播学习资源中心

http://www.better-english.com 倍特英语

http://www.englishpractice.com 英语实践

http://www.englishpage.com 英语书页

http://www.english-zone.com 英语地带

http://www.esl-lab.com 在线英语听力测试

http://www.englishlearner.com 英语学习者

http://www.age.com 英语书页

http://www.esl-lab.com 英语实验室

http://www.freeenglish.com 免费英语

http://www.studyusa.com 留学美国

三、利用现代教育技术，探索新的教学模式

传统的教学方式和学习方式已不能适应现代教育的要求。现代科学技术的发展已深刻地影响和改变了现代教育。现代教育离不开教育技术，离不开国际互联网络，英语教育更需要利用现代教育技术，尤其是国际互联网络。

新课标提出，“现代信息技术不仅为英语教学提供了多模态的手段、平台和空间，还提供了丰富的资源和跨时空的语言学习机会和使用机会，促进了英语教学理念、教学方式与学习方式的变革。教师要积极关注现代信息技术在英语教学应用领域中的发展和进步，努力营造信息化教学环境，学习和利用网络提供的实时、个性化学习资源，为学生搭建自主学习平台，帮助学生拓宽学习渠道，深化信息技术与英语课程的融合，提高英语学习的效率。”因此，运用现代教育技术，提高课堂教学质量已是势在必行。

现实的教育技术实践不应简化为单纯的技术操作过程，教师不应该仅仅是一个技术操作者。教师除了理解教学内容、掌握必要的教学技能外，还必须拥有运用教育技术的技能，有通过教育技术不断改进自己教学行为的信念和能力。一句话，教师要通过教育技术理论和实践水平的提高，不断探索新的教学模式，提高教学质量。下面是使用教育技术组织教学

的案例片段。

例 1 话题:Telephone

(1)课前访问普通电话网站 http://jsfamous.js.cei.gov.cn、手机网站 http://www.ycunet.com。这些站点提供了普通电话、无绳电话、IC 卡电话和手机等的图片资料和其他相关资料,上课时直接将这些资料展示在大屏幕上,让学生有一个直观的认识。

(2)课堂导入(leading-in):使用多媒体投影仪展示普通电话、无绳电话、IC 卡电话和手机等的图片资料和其他相关资料。

(3)阅读(reading):先利用 ANI 动画制作软件制作的电话机的工作原理,在大屏幕上演示电话机的工作过程,让学生对电话机的工作原理有直观的理解,之后开始阅读。

(4)理解练习(comprehension):阅读课文后,利用课前制作好的动画演示,让学生在同桌之间、小组内或到讲台上叙述。

例 2 话题:First Aid

(1)在大屏幕上展示与“急救”有关的图片或动画,引出课题“First Aid”,并配有救护车的声音。

(2)在介绍“急救”方面的知识时,在大屏幕上打出有关“急救”过程的图片,如“烫伤”“划破”“烧伤”及“人工呼吸”等。

(这些图片既可以用 PowerPoint 制作,又可以直接用实物投影仪显示,也可以用 ANI 动画制作软件制作。)

(3)巩固练习(practice):在大屏幕上显示出多幅图片,让学生根据不同的情况,用英语讲出“急救”方法与过程,教师可以根据实际情况决定是否在屏幕上显示出“正确的方法与过程”,以进一步巩固所学内容。

例 3 话题:The Olympic Games

(导入部分)

(1)屏幕上出现奥运会比赛的彩色插图(实物投影或用 PowerPoint 展示),并同时播放学生所熟悉的令人振奋的、激动人心的汉城奥运会主题曲“Hand in Hand”。此时,课文标题“The Olympic Games”飞入画面。

(2)鼠标指向插图中的奥运会会旗,并引导学生讨论,如:

①五环分别代表的是哪一个洲?

②五环紧扣意味着什么?

(3)播放在 http://www.Olympiaka.com 网页上下载的 Share the Spirit 中的有关奥运会起源的历史图片、奥运会会旗和五环石碑,使学生在丰富、形象的背景信息支持下进入高效阅读。

从这些教学片段中,我们可以感受到现代教育技术的优越性。

高中英语教材的文章包括人物传记、寓言故事、社会文化、文史知识、科普小品等方面的内容。在网络中可以获取大量与课文有关的知识信息。我们可以通过电脑自己制作,或通过光盘、网络等途径获取文字、图像、声音、动画、视频,甚至三维虚拟现实等多方位信息用于课件制作,使教学内容更丰富,教学方法更多样、更灵活。但并不是取得的所有资料都能随意使用,必须因材施教。

现在应用最普遍的课件制作工具,如 Macromedia Authorware, Microsoft PowerPoint 等,都具有强大的多媒体集成功能,支持多种格式的文字、图形、声音、动画、视频等媒体形式,同时提供灵活的调用方式,使用者可以随心所欲地进行选播、重播、跳转。它不仅可以完全取代传统教学中的板书、录音、录像、投影等媒体展现方式,而且更高效、更灵活,可以极大地提高教学时间的利用率,保证课堂教学的流畅性,增大教学信息的容量,激发学生的学习兴趣。

四、运用现代教育技术应坚持的原则

在教学中运用现代教育技术,应坚持以下原则:

(1)积极应对。以现代信息技术为龙头的现代教育技术的发展无疑是一个国际潮流。从 CAI(Computer-Assisted Instruction,计算机辅助教学)到 CAL(Computer-Assisted Learning,计算机辅助学习)再到 IITC(Integrating Information Technology into the Curriculum,信息技术与课程整合),其理念更新之快和技术进步之神速,令人惊叹。我们要积极应对,建造和发展自己的平台。要更多地把信息技术与课程有机地整合起来,以创建理想的学习环境、全新的学习方式和教学方式,改变传统的教学结构,达到培养学生创新精神、实践能力的要求。

(2)实事求是。要根据我们的教育投入、师资、文化环境等因素,因地制宜。有网络环境当然好,有计算机也不错,有“两机一幕”也可以,有书写投影器则更方便、实用、经济。关键是要有应用现代教育技术的意识。有了这种意识,教师就会想方设法“找米下锅”。重要的是要结合学校、学生和教师的实际来应用现代教育技术手段。目前,用现代教育技术来辅助教学,同时教会学生如何应用网络技术,不一定急于进入信息技术与课程整合这一理想模式阶段。

在教学实践中,并不是所有的教学内容都能够做成相应的课件,也不是所有的教学内容都必须通过课件来呈现。比如课文中常见的情景对话就比较适合用课件来呈现,但有时只使用图片和录音机,采用常规教学方式同样会取得令人满意的课堂教学效果。所以,并不是什么内容都必须做成课件,也不一定做成课件的内容教学效果就一定好,而应该从教学实际出发,具体情况具体分析。

第四章 新课程背景下高中英语教学策略的实施

教学实施是实现教学目标的关键环节。高中英语教学的实施应依据新课标提出的要求，以主题语境、语篇类型、语言知识、文化知识、语言技能、学习策略六个方面的发展为基础，培养学生的综合语言运用能力。

第一节 新课程高中英语主题语境教学

本节阐述主题语境的内涵，以译林牛津版高一《英语》模块一教学为例，从引入多重资源、巧设问题链条、注重价值澄清、开展多元活动等方面分析基于主题语境的高中英语教学策略。认为基于主题语境开展高中英话教学能够帮助学生理解语篇内容、养成良好的学习习惯、增强文化意识、发展思维品质。

新课标立足于立德树人的根本任务，提炼出了高中英语核心素养，强调践行六要素整合的英语活动学习观。六要素整合的英语活动学习观具有系统性。作为英语活动学习观的重要组成部分，主题语境贯穿于英语教学的全过程，对于学生理解语篇内容、养成学习习惯、增强文化意识、发展思维品质等具有重要作用。学生在主题语境之下，基于不同的语篇，学习语言知识和文化知识，能提升语言技能，掌握学习策略。在高中英语教学中，教师需要在准确把握主题语境的基础上，开展发展学生核心素养的教学活动。

一、主题语境的内涵

语境即语言环境，指的是人在说话时所处的状态。语境主要可分为自然语境、人工语境等。学习者主要的语言环境是以母语为基础的自然语言环境，而在外语习得过程中，主要依托教育者所营造出的人工语言环境。在这种人工语境中，学习者在头脑中用目的语复述、描述、记忆或营造某些场景，进而深化学习内容。

围绕主题开展教学活动已经在各学科教学中深入推进。主题语境是主题学习有序进行的重要教学氛围。在高中英语学习中,确立鲜明而深刻的主题,进而创设出人工语境,能够为培育学生英语学科核心素养创造条件。高中英语学科的主题语境包括人与自我、人与社会和人与自然三个层面。通过研读新课标,对高中英语主题语境进行了如下解读:从内容上看,新课标把人与自我、人与社会、人与自然这三个层面的主题语境细分为几大主题群,每一主题群下又细分为几大子课题。各主题语境之间不是孤立的,而是在内容上相互渗透、逻辑上相互依存的。人与自我、人与社会、人与自然是人类发展过程中所需要解决的基本问题。

主题语境着眼于人类发展的基本问题,引导学生在学习英语的过程中学会科学地认识和发展自我、正确地亲近和融入社会、和谐地与生态世界相处。创设"人与自我"的主题语境旨在激发学生对知识的渴求、成长的向往,让学生在学习中遇见更好的自己,在成长中形成完善的人格。认识社会、走进社会、融入社会是高中生的应然行动和必然追求,创设"人与社会"的主题语境有利于让学生在学习英语中强化社会服务意识、提升人际沟通能力、增强法治意识、感受到时代的脉搏。特别是让学生理解伴随着时代发展而形成的文化、艺术、体育、科技成就,增强学生的文化自信和价值观自信,让其对融入社会充满期待。此外,"人与自然"的主题语境切合新时代的发展理念,涉及自然生态、环境保护、灾害防范、宇宙探索等重要议题,学生在主题语境中深入理解"和谐社会""生态文明"的内涵,将更加注重科学探究,进一步强化社会责任,在内化于心的过程中,更加主动、自觉地行动起来。

综上所述,高中英语的主题语境既涉及生命教育、价值观教育等道德教育的基本范畴,又涉及跨文化交流等英语学科的特有范畴,还涉及媒介素养培育等新时代提出的教育任务。内容丰富、覆盖面广的主题语境体系规约着语言知识、文化知识和学习范围,渗透着情感、态度、价值观教育,以培养学生核心素养为基本原则,致力于立德树人、培育全面发展的人的根本任务。依托主题语境展开教学,能够促进英语教学提质增效,充分释放学生的潜能。

二、高中英语中主题语境的教学策略

结合译林牛津版高一《英语》模块一的体系和内容基于主题语境,进行了旨在培养学生英语学科核心素养的教学探索。

(一)引入多重资源,创设主题语境

与母语为基础的自然语境不同,英语学习的主题语境需要教师精心创设。信息技术的发展丰富了课堂教学的形式,日新月异的社会发展丰富了课堂教学的内容。因此,在高中英语教学中,教师可以优化课堂教学形式,精选课堂教学内容,多措并举,创设出具有吸引力的主题语境。

例如,在 Unit 1 School life 的导入环节,教师可以选取某大学英语社团招新的视频,利用视频展现美丽的校园风光和多彩的校园活动。在这样的语境下,学生对校园生活的憧憬之情会油然而生。又如,在 Unit2 Growingpains 的导入环节,教师可以利用中央电视台文化节目《朗读者》,让各学习小组朗诵关于青春主题的英文诗篇。在给学生带来一场视听盛宴的同时,引导学生认识到“人生既有顺境又有逆境”,自然地过渡到本单元的主题:成长的烦恼。

(二)巧设问题链条,激活主题语境

主题语境基于对主题意义的探究,以解决问题为目的。特定的主题语境不仅承载着文化信息、语法知识等内容,还包含发展学生思维品质的关键点。在高中英语教学中,教师可以设置一条逻辑性强、情境性强的问题链,激活主题语境所承载的信息,发展学生的思维品质。

定语从句是译林牛津版高一《英语》模块一的重要语法,也是贯穿高中英语学习全过程的语法知识。为了让学生更好地掌握并熟练地运用定语从句的相关语法知识,基于教材所创设的主题语境,设置了一串问题链条。具体来说,教师可以基于“校园生活”这一主题语境,设计了如下问题,并要求学生运用 who,whom, whose, which, that 等关系代词组织定语从句回答相关问题。问题如下:

1.What kind of books do you want to read in high school?

2.What kind of people do you want to make friend in high school?

3. What kind of teacher do you want to meet in high school?

这三个问题形成问题链条,旨在激起学生对高中校园生活的憧憬,引导学生规划自己的高中。

总之,在高中英语教学中,教师可以设计出环环相扣的问题链,激活主题语境,形成一个个提升学生学习能力、思维品质的创生点。

(三)注重价值澄清,升华主题语境

相比于说教、奖惩等传统的德育方法,美国价值澄清学派提倡的价值澄清法更注重引导学生在学习过程中形成正确的价值观。主题语境渗透了价值观教育,教师可以在高中英语教学中引入价值澄清法,依据学生在主题语境下的所说所感,加以适时引导,让学生潜移默化地进行“内省”。

例如,在 Unit2 Growing pains 的 welcome to unit 板块教学中,教师可以通过分析学生目前遇到的烦心事,为他们出谋划策,帮助他们化解精神危机,促进其形成积极的生活态度和健康的生活方式。

价值澄清法贯穿在基于主题语境的高中英语教学的全过程，教师可以在课文讲解中引导学生“内省”，还可以在练习讲评中引导学生形成正确的价值观。

例如，在 Unit 1 School life 的练习设计中，教师可以选取历年高考阅读理解中与本单元主题语境相契合的语篇作为练习，促进学生在阅读中深化对本单元“人与自我”主题语境的理解，引导其形成勇于创新、创造的价值观。例如教师可以选取 2016 年高考英语全国卷Ⅱ阅读理解的语篇 B。该语篇是一篇记录校园生活的记叙文，主要通过师生间的对话，讲述了教师通过设计拼装玩具这一活动了解学生的特点，进而激发学生创造力的故事。在讲评阶段，教师需首先带领学生回顾语篇，回答了问题“Why did the teacher ask the students to talk about their dreams?”紧接着，教师依据学生的回答“To help them to see their creativity.”运用价值澄清法，作出了如下引导：“All the beautiful things in the world are the fruits of creativity.”通过这样的价值澄清，既升华了主题语境，又让学生认识到世界上所有美好的事物都是创造力的结果，有利于学生创新思维的发展。

（四）开展多元活动，活化主题语境

内化于心、外化于行是学科教学的不懈使命。教师不能只将主题语境停留在课堂上，更需要设计出可操作性强的活动，引领学生将理论知识和现实生活相融通，活化主题语境。

例如，在教学 Unit 2 Growing pains 时，教师在运用价值澄清法引导学生积极化解精神危机的基础上，可以设计“我的成长日记”的活动，让学生用镜头记录一个月内开心和不开心的事，并用英语表达自己对学习和生活的感受。之后再利用一堂课进行微视频分享会。此外，教师还可以在班级开展青春诗词英文朗诵、健康生活方式体验等活动，不仅能将创设的主题语境变为现实语境，还能提升学生的综合素养。

第二节　新课程高中英语语篇能力教学

新课标提出了英语学科核心素养的概念，要求培养学生学科关键能力和学生必备品格。在这一目标要求下，高中英语语篇能力对提升学生的语言能力、文化意识、思维品质和学习能力有着积极的作用。下面对高中英语语篇能力的培养策略进行介绍。

一、语篇类型及语篇教学要旨

语篇类型是指记叙文、议论文、说明文、应用文等不同类型的文体，以及口头、书面等多模态形式的语篇，如文字、图示、歌曲、音频、视频等。接触和学习不同类型的语篇，熟悉生活

中常见的语篇形式，把握不同语篇的特定结构、文体特征和表达方式，不仅有助于学生加深对语篇意义的理解，还有助于他们使用不同类型的语篇进行有效的表达与交流。必修课程所学习的语篇类型要体现基础性和通用性，选择性必修和选修课程（提高类）的语篇类型可以进一步丰富并更多关注语篇的内涵意义。

语言教学中的语篇通常以多模态形式呈现，既包括口头的和书面的，也包括音频的和视频的，并以不同的文体形式呈现。语篇承载语言知识和文化知识，传递文化内涵、价值取向和思维方式。因此，在开展对主题意义探究的活动中，语篇不仅为学生发展语言技能和形成学习策略提供语言和文化素材，还为学生形成正确的价值观提供平台。教师在教学时要认真研读和分析语篇，在引导学生挖掘主题意义的活动中，要整合语言知识学习、语言技能发展、文化意识形成和学习策略运用，落实培养学生英语学科核心素养的目标。

二、高考各题型对语篇能力的要求

1.听力。高考试题中的听力测试部分由十个长短不一的语篇组成。旨在考查学生通过听从语篇中获取信息和理顺逻辑关系的能力。

2.阅读理解。近年来，全国高考英语卷对考生的语篇能力的要求有了较大幅度的提高，主要体现在以下三点：①侧重语篇领悟能力和语言解码能力的考查，强调多学科知识的贯通；②注重语篇分析水平、合理判断能力及根据语义进行逻辑推理能力的考查；③读速要求大大提高，阅读词汇量逐年增加。

3.完形填空。完形填空主要考查学生对整个文章的语篇理解能力及对整个文章语境的理解水平，如文章主题、作者的观点态度以及文章结构和组织等。它考查的是学生综合的语言能力，即建立在学生对词汇、语法、等基础之上的语篇能力。

4.语法填空。语法填空主要考查考生的语言基本功和在具体的语境下准确运用语言的能力。该题型要求考生通过现有语篇挖掘语境信息，运用逻辑语义、语篇衔接等手段，辨析各题、各道题目在语义、语用价值上的差异。其创新的意义在于体现突出语篇意识、强调语境应用、注重学生的语用实际能力。

5.短文改错。就该题型而言，考试说明的定义是“重点检测考生对书面语篇的校验能力”，并指出“在写作程序中，校验能力是不可缺少的要素”。有的同学片面认为短文改错是对语法知识的检测，单一地把短文改错当作语法练习，这种做法实际上是对短文改错的误解。

6.书面表达。书面表达考查的是学生综合运用所学的英语知识和技能进行语言交际的能力。

三、培养英语语篇能力的策略

(一)提高语篇意识,扩大语篇阅读量

语篇意识是指阅读理解时不能只停留在句子水平上,要注意把语言的形式和结构与语言的意义相结合。在阅读中必须重视高级阅读技能的训练,把句子水平的阅读理解提高到语篇水平的阅读理解,才能真正理解文章的意思。这里的语篇水平上的阅读理解指在宏观意义上理解上下文的逻辑关系、理清写作思路、掌握文章的主旨大意、通过概括得出结论、了解作者的观点和态度等。语篇意识的培养有赖于一定量的语篇输入。只有在大量语篇中不断的体会,这种意识才会得到发展和强化。

然而,学生仅靠课本的阅读输入量是远远不够的。必须大量阅读。语言输入量决定输出质量。可见,增加阅读量,对学生英语能力的发展十分重要。

(二)培养良好阅读习惯,提高阅读速度

高一阶段是初高中的衔接阶段,由于知识面和词汇量的限制,理解能力较差,缺乏阅读实践及阅读技巧,阅读速度较慢。这一时期应着重培养良好的阅读习惯。良好的阅读习惯是提高阅读速度和阅读理解能力的先决条件。要求在拿到一篇文章阅读时不要以单个的字词为单位,而是以意群和句子为单位。这样读起来注意力必须集中在整段文字的连续意思、文章的中心思想、作者的观点和意图上,而不是过分依赖词典,凝滞于每一生词,尤其是无关紧要的词。其结果会削弱阅读兴趣,减慢阅读速度,也不利于培养根据上下文猜测生词含义的能力。因此,我们要培养学生通过略读和跳读、限时阅读、学会利用上下文猜测词义、跨越生词等阅读方法提高英语阅读速度。

(三)重视高阶思维训练,搭建足够的语言脚手架

有学者认为在阅读教学活动中,记忆性任务、推理性任务和评价性任务都应存在,它们是具有梯度性的任务链,有助于学生思维的伸缩性。也有学者认为语篇阅读活动应当由低阶思维的浅读尽快转入高阶思维的深读。类似 skim 和 scan 的低阶思维活动可以帮助学生快速获取文本信息,取得一时的收获。然而,从长远看,学生在阅读过程中应有的探究欲望和满足感等会逐渐降低。因此,教师要有在阅读中通过高阶思维阅读活动激发并维持学生阅读兴趣的意识。首先,教师应站在学生角度考虑问题的难度,以便给学生留有足够的思考时间;其次,教师要为学生分解问题提供足够的脚手架来帮助学生掌握事实与观点之间的支撑情况,提高学生的逻辑思维能力。

(四)灵活运用教材,拓展课外阅读空间

教师在使用教材时,应本着发展学生思维独创性的原则,对阅读文本进行二次开发。针对人教版英语教材阅读习题中主观题较少且放在后面的情况,教师应当从学情出发,适当地调整习题顺序、删减或增加相关习题。教师也可以给学生推荐与之相关的课外读物来扩散学生的思维,引发学生对语篇持有更多独特的见解。挖掘文本人文价值,即要求教师重视学生的情感需求,对文本做出延伸性的解读。需要注意的是,挖掘文本人文价值并不等同于教师在课堂上大谈人文道理或牵强附会地给文本"贴标签",而是需要教师做到将人文内涵与文本阅读融为一体,让学生对语篇进行充分的自我体验和自主思考。只有在这种阅读教学方式下,学生才能够积极、主动地将文本信息与生活经历联系起来,对语篇进行独创性的思考。

(五)逐步深入理解,训练阅读技能

有了一定的阅读量和好的阅读习惯和方法作基础,还要通过大量的语篇训练,获取阅读技巧,达到层层深入理解,透彻理解语篇及培养思维能力的目的。阅读技能主要包括以下几个方面:(1)提炼文章主题。(2)判断作者写作基调。(3)归纳段落大意。(4)绘制文章脉络思维导图。(5)理解难句。(6)猜测生词含义。学生在阅读中学会在泛读训练中尤其应当培养学生利用标点、同义词、反义词、特定词语句型、构词法及上下文猜词的能力,从而跨越阅读障碍,保持阅读思维的连贯性,提高阅读速度。

语篇能力的培养是高中阶段英语学习重要任务。这过程是一个长期的日积月累的过程,而并非一蹴而就,需要教师与学生的共同努力。

第三节　新课程高中英语语言技能教学

语言技能主要指听、说、读、写的技能。然而,听、说、读、写既是语言技能(language skills),又是教学方法教学技巧或者教学手段。本章论及的"听、说、读、写"主要是从前一概念出发的。

一、听力技能教学

(一)听力技能的内涵

听,作为听、说、读写四项技能中的第一项,是学习英语和使用英语中运用最多的技能。人们在社会交往中,75%是通过听、说来完成的。其中,听占了 45%,说占了 30%。因此,听的教学有着特别重要的意义。但听力技能的发展与其他技能的发展关系密切,因此在高中教学中听的教学活动应与其他教学活动密切配合。

根据听的方式的不同,听的活动可分为精听和泛听。精听要求听者全面听懂语言材料的主旨和细节,并熟悉所听内容的语言形式,这通常需要两次或多次复听来实现。泛听指收听广播电视节目或听各种事先录制的材料。泛听一般只关注主要内容信息,不关注语言形式和部分细节,因而一般不复听。泛听可包括掠听和跳听,掠听的目的是了解大意,而跳听是为了掌握细节信息。中小学听力教学应把精听和泛听结合起来。

根据听的内容和结构,听力可分为分析性听和综合性听。分析性听是根据不同学习阶段和不同学生个体的需要,由浅入深、循序渐进地听,如从听词语到听句子,再到听语篇。综合性听是听真实或接近真实的材料,如听英语国家的广播、看电影等,是通过听来学习知识和获取信息的实践。高中的听力教学必须逐步增加综合性听。

(二)高中英语听力技能教学目标和要求

新课标中提出:学科核心素养是学科育人价值的集中体现,是学生通过学科学习而逐步形成的正确价值观念、必备品格和关键能力。思维品质的发展有助于提升学生分析和解决问题的能力,使他们能够从跨文化视角观察和认识世界,对事物做出正确的价值判断。

在高中英语教学中,听、说、读、写一直是教学的重要组成部分。听力能力的提高不仅能够促进其他三项能力的提高和巩固,而且也能够促进人与人更顺畅地交流。在实际的课堂教学中,由于缺乏听力训练的氛围和有效的训练方式,导致学生的听力能力有些滞后。

(三)听力技能的教学原则

(1)听的训练内容和形式应尽可能贴近学生的实际生活,听力材料要反映真实的口语交际行为。要培养学生通过听获取信息和处理信息的能力。高中学生所听材料的语速应是正常语速。

(2)听的技能训练应该和其他语言技能训练以及情感态度、语言知识、文化意识、学习策略等目标相结合,正确处理听力和其他语言技能的关系,让听力技能训练促进其他技能的发展,使学生在听力实践中学习和运用语言知识,增强文化意识,逐步形成主动学习、乐于探索、勤于动手的学习态度,掌握有效的学习策略。

(3)分散训练和集中训练相结合。集中训练听力是集中时间和内容,目的是围绕特定内容进行专门的、系统的、有指导的训练。分散训练听力是贯穿于整个教学活动中、与综合语言教学任务相联系的听力活动。中学英语教学以综合性课型为主。从学习实际出发,听的能力形成需要分散到日常教学中进行细水长流的训练,但也应根据需要适当进行集中训练。

(4)精听与泛听相结合。高中学生精听的单位主要是句子以上有新内容或新信息的话语,即各种对话谈话、讲话等用于训练学生抓住文段大意或其中某些细节意思及未直接说出的言外之意的能力。精听可以反复听多遍,直至听懂。泛听主要用于获取信息,听音时应主要关注内容。根据课程标准关于听力训练的要求,高中学生应进行大量的泛听实践。

(5)多感官多技能并用。听的教学需要听觉、视觉触觉等的参与和协作,多感官参与能够使听力理解更为有效,更易于激活认知图式和构建知识。同时,听的教学也需要借助说、读、写的技能的帮助。

(四)听力技能训练模式

在听、说、读、写四项技能中,听力是较难掌握的一项语言技能。在听的教学与听力的关系上,听的教学是为了培养听力,是教会学生"听"英语,达到用英语进行交际的目的,同时也可以为发展说、读、写技能服务。听的教学要根据听力技能形成的独特规律和特征,运用科学系统的言语活动方式,对学生进行与听力有关的各项技能训练。

就训练的时间顺序而言,听力过程一般分为听前、听时和听后三个阶段,分别为准备性练习、理解性练习和发展性练习。

听前活动是一种热身活动。任务是提出目标,激活学生已有的知识和经验,让学生集中注意力,然后引导学生做一些分析性练习,扫除一些词汇障碍或简介与听力内容相关的文化背景知识。因此,应组织学生讨论有关话题的背景信息。

听时活动是输入和理解的阶段。活动内容有静听录音、边听边记要点等。要重视对学生各种听力技巧的指导,比如预测、抓主题句、摘录关键句等。摘录时要求学生边听边记下重要信息,如地名、方向、人名、日期、钟点、年龄、尺码等可以用速记符号记下来。

听后活动是掌握知识与技能的阶段。根据第二阶段的反馈,鼓励学生纠正错误、调整方法及提高准确性。活动的方式有问题解决、总结、小组讨论和后续写作等。要通过说写和重听等各种活动全面发展听力技能。

就具体方法而言,听力训练应采取多种途径。例如:

(1)视听训练。视听是指耳听眼看,是一种直观的教学方式。可采取边看边听、先听后看或先看后听的方式。训练的方式有音画配合、音物配合等。音画配合的"画"有挂图、简笔画、幻灯片和电影画面等。音物配合是指根据教学内容,预先准备好可用的物品,在听音时向学生展示。高中阶段多采用音画结合的训练方式。

(2)听说训练。听说训练在综合性教学活动中经常发生。听说训练中应以听为主,把说作为检验听的辅助性活动。训练方式有:听答练习,即听后回答所提出的问题或口头判断正误,这往往在学习一个新的语篇之前进行,目的是了解背景信息;听后模仿,即模仿录音中语音语调和节奏,可在阅读并理解了课文之后进行;听后复述,即要求学生听后用自己的话概述或转述所听短文;听后讨论,即听后把学生分成小组,讨论文章主题、人物或情节,用英语表达自己的情感和思想。

(3)听写训练。听写是听的教学、写作训练和综合性测试中最常用的手段,听和写相结合,能检查学生对语言知识和语篇内容的掌握情况。在听写过程中,学生能高度集中注意力,提高学习效率和记忆力。听写的方式有多种,如:标准听写,即听后要求准确写出原文,听的次数一般为三遍,停顿以意群为单位,目的是检测学生短时记忆的能力;部分听写,即边听边填空,所填内容是单词、短语或句子;干扰听写,即在制作听写材料录音时全部或部分地加上背景杂音,以增加内容的真实感及难度;听写作文,即听一遍或多遍后根据记忆写出听的内容,目的是重点训练学生的综合理解力和表达力。高中学生应加强听写作文的训练,这样既可以锻炼听力,也有助于提高书面表达水平。

(五)听力技能训练中应注意的问题

(1)听力活动不宜太长和太复杂,以免学生因太难而失去兴趣。

(2)听力训练的大部分任务应该是学生熟悉的话题或资料。

(3)听前活动的设计应该为学生熟悉听力任务情景和完成任务做准备,如有意义的词汇、语法和语音练习活动,但不能把适于阅读的课文作为听力训练材料(这一现象比较普遍)。

(4)任务后的听力材料应与训练其他技能的活动相结合,如说和写。比如,在完成购物单的听力任务后,学生以小组为单位,写出他们的购物单,并口头向全班同学报告。

(5)如果是集中训练的听力课,训练模式可以是一种模式的反复训练,也可以是多种模式的综合运用。

(6)教师在听力技能训练的过程中所起的作用是:听前向学生提供材料,鼓励、启发、引导学生预测听力内容;听时帮助学生完成听力任务;听后对学生完成听的任务的情况做出评价。评价应以鼓励为主,即以形成性评价为主,以激发和保护学生的学习热情。

(7)加强课内外泛听。可以用新的形式重现已知的材料,以便巩固和拓展知识和技能,但更要让学生听尚不熟悉的语言材料,如听英语广播、看英文电视等。所选内容应难易适中,生动有趣,尽量降低生词率。

二、口语技能教学

（一）口语技能的特点与要求

口语技能是在听的基础上形成的语言技能，生活中30%的信息是靠说的形式传递出来的。说是重要的表达技能。在现代英语教学里，说英语越来越受到重视。

说英语就是把就某个话题思维的结果用英语口头表达出来的过程。如果没有对所听、所读的材料进行筛选、重组的梳理思维过程，说就完全失去了基础。因而，从本质上说，“说”是使用英语思维的能力和口头表达能力的结合。思维清晰，符合逻辑，较好地掌握英语语言知识和语音、语调、节奏等基本技能，是说好英语的前提。

新课标对不同等级的口语能力分别做了明确的描述，体现了口语教学的渐进性、完整性和灵活性方便教师的操作与评价，为提高学生口语表达的准确性、得体性、流利性和连贯性，促进综合语言运用能力的发展，提供了科学有效的依据和保证。

（二）英语口语技能的要素

英语口语技能由七种要素构成：

（1）语音语调：这是口语技能最重要的要素。准确、清晰的语音和自然、得体、流畅的语调是完成口头交流的重要条件。

（2）听力理解能听懂对方或他人口头表达的意思，方可进行交流。

（3）语言知识：词汇和语法是口头交际的语言基础。用词准确、恰当使用口语词汇并选择正确的语言形式，方可准确清晰地描述事物和表达观点、态度和情感等。

（4）达意程度：其中包括流利程度和可理解度。快速不等于流利。语调服务于达意。

（5）交际策略：主要指非语言交际手段，如克服语言障碍，通过表情或手势等非语言形式克服交流中的困难。

（6）文化理解：主要指在语言表达过程中，应注意英语文化背景、生活方式和时代性。

（7）行为表现：交际过程是人与人交流的过程，说话人的行为表现也关系到交际成功与否。说话人要根据交际对象调整自己的情绪、态度，以达到最佳的交流效果。

以上是形成口语技能必不可少的要素，同时也是口语技能培养过程中需要提高的因素。

（三）正确理解说与听、读、写技能之间的关系

口语能力的实质是口头交际能力。就语言学习规律来说，听和说是第一位的，读和写是第二位的。儿童学母语都是从听和说开始的。因此“听说先行，读写跟上”之说是有道理的。显而易见，听是说的前提，先会听，后会说，靠听学会听靠听和说学会说。常言道“十聋九

哑”,可见听和说关系之紧密。从信息传递角度看,听和读是输入,是接受性技能;说和写是输出,是创造性技能。在教学中,学生唯有通过听和读接受足够的输入,才能保证说和写的创造性输出。

语言的四种技能是相互联系、相互依存的,一种技能的不足会引起另一种技能的不足,语言在两种接受性技能与两种创造性技能之间是平衡的,因此,四种技能必须全面发展,不可偏废。但是由于缺乏真实的语言环境同时也受考试等因素影响,目前,口语技能的培养仍然是语言技能教学中较薄弱的。

(四)口语技能形成过程中模仿与实践的关系

学习英语离不开模仿。模仿是学习英语的前提和基础,也是创新的基础。教师在口语教学中要重视模仿,也要指导学生善于模仿。经常使用的模仿活动有背诵、跟读、听录音资料等。新课程倡导体验、实践、参与、交流与合作的学习方式,现有英语教材提供的口语训练活动着眼于学生能用英语做事情,强调让学生在各种交际或近似交际活动中发展口语能力。因此,以往习惯使用的那种简单模仿已颇显不足。模仿与实践之间的关系是在实践中模仿,在模仿中实践。学生在各种口语活动中模仿地道的语音、语调、词语表达、语言习惯、文化习俗、肢体语言等。随着模仿效果的积累,灵活运用口语的技能会得到持续的发展。

(五)口语课堂教学模式

根据高中英语教学的总体目标要求英语口语技能目标要求和现用英语教材的内容和形式,口语课堂教学宜采用活动课(activity-based teaching)模式。所谓活动课,就是根据教材提供的语言素材和活动内容,采用说、做、演等方式,以活动为中心组织教学,为学生提供充分的语言实践机会,让学生在活动中感悟和学会英语。

1.口语活动课过程分析

口语活动可分三步进行,即说前、说时、说后。

说前:教师要向学生说明口语活动的目的,通过各种方式激发学生兴趣,让学生熟悉话题和语境,并提供适当的语言准备,如 useful expressions。然后给全班学生恰当地分配角色和任务。在说前阶段,教师是组织者、示范者和鼓励者。

说时:学生是主角,主要进行口语练习活动,包括描述人物和事件、报告过程和结果、扮演角色、交换信息、讨论、演讲和辩论等。在口语练习中教师要注意引导学生学会引出话题、维持交谈、插话、转移话题、话轮转换、引起注意、澄清意思、表示倾听与理解、预示和结束谈话、用语音语调表达意思等基本技巧。在说时阶段,教师是帮助者、监控者、指导者、参与者。

说后:在教师的指导下,学生做口头汇报,或将口语练习内容落实到书面上,或进行自评、互评等讲评活动。在说后阶段,教师是指导者或评价者。

2.口语教学活动

目前,教材口语部分的设计均围绕“话题”和“功能”进行,每个单元提供专题性会话的语言素材和情景,让学生根据有关的任务要求,自己组织语言,开展各种形式的口语表达活动。主要活动类型有:

(1)Situational and functional dialogue(情景和功能对话)

情景和功能对话与日常生活密切相关,是教材中最常见的口语练习形式。

功能对话主要有:

Advice 劝导

Apology 道歉

Appointment 约会

Gratitude 感谢

Introduction 介绍

Invitation 邀请

Likes and dislikes 喜欢与不喜欢

Opinion 表达看法

Suggestion 建议

Request 请求

Permission 许可

Warning 警告

情景对话主要有:

Bank 银行

Finding the way 问路

Seeing the doctor 看医生

In the hotel 住旅馆

In the post office 在邮局

Making a phone call 打电话

Shopping 购物

Watching TV 看电视

Travel 旅行

Talking about weather 谈论天气

In the restaurant 上餐馆

Talking about language study 谈论语言学习

教材中的口语活动编排将功能与情景融合在一起,使学生在特定的情景中侧重某种功能练习对话。因此,做情景和功能对话时,教师一方面要引导学生运用教材提供的词汇或功能句型流利准确地表达自己的意思;另一方面也要提醒学生注意语言的得体性,懂得在特定场合下,能根据不同的交流对象,采用恰当的交流方式和得体语言进行交流。

(2)Acting out(表演)

情景表演是深受学生喜爱的一种口语练习形式,分为三种:

对话表演。教材中有不少 sample 对话。对于这些对话,可以让学生不加任何改变、“鹦鹉学舌”般地表演。当然,也要激励他们创造性地表演。

课本剧表演。有的教材设计了独幕剧,让学生表演会极大地激发学习兴趣和积极性。应该让全班每个同学都有角色扮演,让每个学生都有机会参与,也要鼓励学生运用想象力发展或改编故事情节,然后表演出来。

自编自演。教材中有一些戏剧性的故事或图画,应该鼓励学生写出独幕剧,然后表演。演出前,教师要帮助学生修改脚本。演出中,教师要做热情的观众。演出后,老师要对学生的表演进行评价与鼓励。

角色扮演。角色扮演是表演的一种,比表演略简单一些。要给学生提供具体的场景和角色,将班级分组,让学生进入角色状态,练习口语。活动前要给学生角色卡(role cards),练习过程中可让学生参考角色卡上的要点或提纲。例如:

Situation:For thousands of years,traditional agriculture in China has not changed very much. Most farms are one-family businesses.

Divide the whole class into groups of families. Each family is given a piece of land. Each family has to decide what to plant or raise on the land. Family members are Grandpa,Grandma,Father, Mother,Son,Daughter,etc. Each group decides what family member one student can be in the family. Each family member should give his or her opinion about how to use the land and why. In the end the head of the family(Father,or Mother,or Son)makes the final decision and tells why. Before discussion,each member prepares role cards.

Procedures:

a.Divide the class into groups of four people to form a family.

b.Decide the roles and allow them 3~5 minutes to fill in the role cards and prepare speech.

c.Do the role playing.

d.After the playing of the whole class,one or two groups act out what they had done in the discussion.

(3)Interviewing(采访)

采访是集体练习(group work)的一种,往往由记者(interviewer)、被采访人(interviewee)

和记录员(note-taker)组成。采访活动的要点是让学生准备足够的问题。这些问题必须有针对性,能抓住要点。采访结束后,要让记录员口头汇报采访要点。例如:

A reporter for the magazine National wildlife is writing an article about animals to find out more about the advantages and disadvantages of living in a zoo. Three students work together. Student A will act as the reporter. Student B will act as the animal.Student C will act as the note-taker.

Procedures:

a.Divide the class into groups of three.

b.Decide the roles and give them some time to think about questions.

c.Do the interviewing.

d.The interviewer reports what the animal says briefly to the class.

(4)Talking with the aid of pictures(看图说话)

看图说话既可以是一种单纯的口语练习活动,也可以是课堂教学的一个环节。前者通过收集和制作图片、表格和地图等向学生提供一个直观、无声的主题,启发学生开口练习口语。后者要求学生谈论教材提供的插图,以帮助导入新课或强化主题等。无论是哪一种学习,学生谈论图片前教师要向学生提出要求,如紧扣主题、语句正确、连贯、达意等。

(5)Debating(辩论)

教材中有许多主题能引起辩论。辩论提供学生发表不同看法的机会,是极富挑战性的口语练习方式。这种活动,教师的组织很关键。第一,要给学生分组在全班宣布规则、组队要求辩论过程等。第二,要给学生时间准备。第三,辩论前要求辩手:①发言要有激情;②语言正确,语音、语调清晰;③说话时不读稿(但允许看稿);④面向观众,注意眼神和肢体语言;⑤不能乱插话。第四辩论后,老师要有总结或评价。

3.口语活动课教学原则

(1)主体性原则。以学生为中心组织教学,充分考虑高中学生的心理和学习特点,调动学生学习英语的积极性。

(2)实践性原则。鼓励学生在实践中获得英语口语技能。让学生了解掌握外语是交际活动的结果,学习英语的目的是进行交际。只有通过大量的交际,才能提高口语能力。

(3)习得性原则。英语口语能力的获得应以习得为主。通过大量的英语口语练习,使学生自然地形成语感,忘掉英语语言规则对语言的监控,从而能自然、无须特别经意就能流利、正确地使用英语。

4.口语活动课实施要点

(1)使用英语组织教学活动。用英语授课的目的在于增加学生听说英语的机会并培养学生的英语语感。同时,老师的英语水平也能对学生的学习产生潜移默化的作用。当然,这并不排除对母语必要的利用。

(2)活动形式和内容来自教材,但不必拘泥于教材。Speaking 是每单元的一个构成部分,它的内容与形式无疑是与本单元主题一致的,但现用教材的口语活动是开放式的,给老师与学生提供了很大的发挥空间。因此,设计课堂活动时,教师完全可以拓展主题,提供更多与学生水平相当、贴近学生生活、有利于学生参与和合作、具有趣味性和真实性的口语活动。

(3)引导学生使用教材提供的常用结构或词汇。教材中的单元口语练习往往提供与本单元话题有关的常用句型(useful expressions)、日常交际口语(everyday English)和词汇等,要引导学生在口语练习中尽量多地使用这些结构。如果能将以前学过的表达方法与新学的表达方法结合使用,效果会更好。

(4)营造宽松和谐的课堂教学气氛。课堂是教师和学生的活动场所,也是他们进行人际交流的环境。口语课上师生之间以及学生与学生之间的交流质量直接影响学生口语技能的提高。一个团结、合作、相互支持的课堂教学环境和舒展的学习氛围,非常有利于学生发展运用英语进行交际的能力。要想营造和谐的学习氛围,教师要创造一个民主的学习环境,利用学生的向上心理,及时肯定学生的点滴进步,帮助学生建立自信心。

(5)教师要对学生的口语活动进行正确有效的评价。教师对学生口语活动进行及时的评价,有利于学生进步。教师评价主要应肯定学生的表现,同时也要指出不足。除了加大口语练习的量,更应该提高口语练习的质,即对口语活动中学生使用语言的长度、难度、流利度与正确性都要有一定的要求。口语能力评价标准可参考课程标准中的“听说能力参考性评价标准”。

此外,教师对学生口语练习中出现的错误一般要包容,不宜打断学生的话去纠正语言错误,而应在学生讲完后加以提醒。下面是教师在课堂上应该使用和不应该使用的纠错与评价用语举例:

Not suitable	**Suitable**
No.	Maybe/Perhaps/OK/All right.
You are wrong.	So what is it? /So what does it mean?
Do you understand?	Are you sure? Try it again.
Are you clear?	Fine.So now I'd like to find out if you.
Can you understand me?	Really understand me.
Stupid!	Who'd like to explain it?

(6)课内课外相结合。英语在我国是外语,学生学习英语缺乏真实的语言环境。目前,

高中英语教材每单元也只有一堂口语课。即使口语课上得很有成效,单凭课堂教学提高口语技能也是不够的,因此开展课外口语活动是很有必要的。可行而实用的课外口语活动有English Party,English Day,English Comer 和 English Cub 等。听外籍教师上课,与 native speakers 交流,可能的话,到英语国家参加各种文化交流活动等,都是很好的英语口语实践活动。此外,多听、多看一些英语原版电影、录像、CD、DVD 等,也有利于提高学生的口语能力。

三、阅读技能教学

阅读教学是高中英语教学的主要形式。新课标指出,"在设计听、说、读、看、写等教学活动时,教师既要关注具体技能的训练,也要关注技能的综合运用,可以设计看、听、说结合,看、读、写结合,看、读、说、写结合,以及听、说、读、写结合等综合性语言运用活动。在综合性的语言实践活动中,教师要关注学生的生活经验和认知水平,选择既有意义又贴近学生生活经验的主题,创设丰富多样的语境,激发学生参与学习和体验语言的兴趣,以使学生能够在语言实践活动中反思和再现个人的生活和经历,表达个人的情感和观点,在发展语言技能的同时,提高分析问题和解决问题、批判与创新的能力。"这段话对高中阶段应着重培养的语言技能进行了精辟的概括。但根据长期的英语教学实践,在高中阶段获得这些能力的主要基础是阅读技能。高中学生阅读技能的发展是高中英语教学的关键环节。

(一)阅读理解的含义

阅读是一个复杂的心理过程。在阅读过程中,读者对语言文字符号所承载的信息进行解码,利用已有的知识体验去感知眼前的文字,并获取作者想表达的信息。

根据最近几十年来对于阅读理解的研究成果,阅读理解的定义包括以下四个方面:

(1)交互(interaction):阅读理解的交互性是指作者与读者之间的一种信息和思想的交流。理解既要依赖作者的知识和技能,又要依靠读者的知识和技能。在读者阅读时,其已有的知识、经历和技能同作者的语篇和写作目的相互作用(此时意义产生),我们称之为阅读理解的交互性。人的已有知识越多,理解得也越多;理解得越多,所学到的东西就越多,从而能够理解更大的话题和更广范畴的语篇。

(2)投入(engagement):阅读理解需要读者的情感投入,尤其是对戏剧、小说故事类等。读者要能全身心投入文章中,关注和感受作者的态度和语气。

(3)构建(construction):阅读理解的过程是一个构建的过程。和其他言语活动一样,人们阅读是有目的和有理由的。在大部分情况下,阅读的目的是获取篇章信息,而不是掌握语言形式。信息并非仅仅从语篇中提取。它是读者积极主动地将自己已有的知识和经验("图式")结合语篇中的信息而产生新的思想。当读者思想与语篇中的信息相遇时,它不是被动地吸收，而是积极地构建和编辑。

(4)策略(strategy)：策略是指富有思想性的、创见性的、系统性的计划和设计。它是指读者大脑对阅读理解过程的一种监察行为。读者通过合理应用阅读策略来理解语篇，并通过调整阅读速度、重读等来验证理解。

阅读有不同的类型。根据阅读的目的，阅读分为学习性阅读和交际性阅读。学习性阅读是为学习而开展的，包括为掌握语言知识和语言技能而进行的阅读，注重的是语言的形式；交际性阅读是把阅读材料当成获取信息的来源，注重的是语言的内容。对于高中学生来说，阅读虽兼有两种目的，但偏重于后者。

交际性阅读时一般采用"自上而下"(top-down processing)的理解方式，即首先构建全文的语义图像，从内容和结构宏观入手，了解文章的背景和作者的意图，用较高语言层面上的理解帮助较低语言层面的理解，如段落、句子、单词等。尽可能少用或不用"自下而上"(bottom-up processing)的理解方式，即首先理解单词、句子结构，再理解段落、全文。

根据阅读方法和要求，阅读可分为精读(分析性阅读)和泛读(综合性阅读)。精读时读者既关注语篇的内容，也关注语言形式。通过对语篇的理解、语言知识的分析和训练，能够掌握语言知识，获得语言技能、运用语言的能力以及进一步学习的策略。泛读是一种实用性强的阅读方式，目的是在单位时间内尽可能多地获取信息，提高快速感知文字材料的能力。中学英语课堂阅读教学多为精读，但高中阶段要加强泛读，以便扩大语言输入，增强语感，拓宽知识面，发展阅读能力。

(二)英语阅读的技能要求

现代语言教学理论认为，阅读教学的目的不单纯是让学生学习和掌握语言知识，更重要的是通过阅读获取信息，学习文化，发展阅读技能和阅读策略，为继续学习和终身发展打下基础。语言学家普遍认为，阅读需要一定的技能。他们围绕外语阅读需要何种技能进行了大量的研究，取得了丰富的成果。阅读技能应包括理解字面意义、能对材料要旨进行重新组织，具有推理能力、评价能力和欣赏能力五个方面；另有学者提出四项阅读技能：识别词义、推理、识别作者的技巧、写作意图和风格，以及寻求有关答案。高中英语课程标准提出的语言技能目标是：

能从一般性文章中获取和处理主要信息；

能理解文章主旨和作者意图；

能通过上下文克服生词困难，理解语篇意义；

能通过文章中的线索进行推理；

能根据需要从网络等资源中获取信息；

能阅读适合高中生的英语报刊或杂志；

除教材外，课外阅读量应累计达到 23 万个词以上。

根据这些目标，课程标准还就阅读技能应包含的要素进行了归纳：

略读(skimming)；

找读(scanning)；

预测下文；

理解大意；

分清文章中的事实和观点；

猜测词义；

推理判断；

了解重点细节；

理解文章结构；

理解图表信息；

理解指代关系；

理解逻辑关系；

理解作者意图；

评价阅读内容。

可见，外语阅读教学的重点是培养学生的阅读技能。高中英语教学要有意识地培养学生的阅读技能，为实现高中英语教学的整体目标服务。首先，要帮助学生掌握一定的语言知识，形成必要的识别技能；其次，要帮助学生增强文化意识，形成运用图式网络的技能；第三，要帮助学生掌握语篇结构知识，形成理解文章主旨的技能；第四，要培养学生的逻辑推理和判断技能，提高识别、理解和评价文章的能力；第五，要帮助学生训练快速阅读技能，尽可能多地增加信息输入。

(三)阅读教学策略

培养学生的阅读技能离不开科学的方法和策略。新课标要求教师了解较多的阅读教学策略，以便帮助学生成为出色的阅读者和有策略的终身学习者(strategic and life-long learner)。目前，阅读策略的理论和实践尚不够完善。根据调查，即便是在英语作为母语的国家，阅读策略的教学同样也很不到位，但对于优秀阅读者的阅读策略研究却有共识。

优秀的阅读者的阅读策略，概括地讲，具有下列特点：

(1)学习态度积极主动，目的明确。

(2)评估语篇及阅读本身是否与自己的阅读目标相符。

(3)阅读之前先从宏观入手,迅速抓住文章的结构。预测语篇的上下文;有选择地阅读,并随时调整自己的阅读;清楚哪些部分应仔细读、哪些可以快读、哪些不读、哪些需要重读。

(4)边读边理解、矫正、质疑语篇的意义。

(5)利用自己已有的知识同语篇中的内容进行比较、融合。

(6)重视作者及作者的风格、信仰、意图和所处的历史背景等。

(7)能快速调整自己的预测并对自己的阅读进行必要的调整。

(8)尽力确定文中生词和概念的含义,并能推断文章的意义。

(9)对文章的水平和价值做出正确的评估,并做出理性的或情感的反应。

(10)用不同的方法阅读不同的文体。如对待叙述文,他们会特别注意故事的背景和人物;读说明文时,他们又会随时对所读内容进行概括,构建理解并修正出现偏差的理解。

优秀的阅读策略对于在教学中培养学生阅读技能具有重要的意义。目前很多教师正在尝试或已经成功地进行了阅读策略的教学,这些方法和策略符合认知规律并充分体现了学生的积极主动参与。下面介绍一些业已证明行之有效的阅读策略,教师和学生可根据具体情况,有选择地使用。

1.猜测生词

鼓励学生利用已有的知识和语境来帮助理解语篇中遇到的新知识。阅读时往往会遇到生词,此时应根据具体情况,采取暂时置之不理,或根据上下文进行猜测,或先猜测后查词典等策略。一方面锻炼猜测词义的能力,同时保证了整体阅读的速度和连贯,提高了阅读的效率。

2.提问

提问是最常用的检测阅读理解的方法。不同层次的问题对学生产生的作用也不一样。如果我们的问题过多地侧重事实和细节,那么学生在以后的阅读中也会把注意力集中在具体细节上。如果想让学生进行更多的综合推理性的理解,教师就应有意识地多设计深层次的问题。这些问题要求学生结合自己已有的知识对语篇进行解读。经过持之以恒的练习,学生在阅读中就会倾向于进行更为综合的阅读。

拉斐尔于1986年所提出的QARs策略(Question-answer-relationship)成功地示范学生并让学生自己通过实践,学会将问题分为三类:①字面问题。此类问题直接可以从文章中找到答案。②综合问题。这类问题和答案存在于语篇中,但需要读者对段落或整个语篇进行推理、综合得出。③独创问题。问题是受到文章某些地方的启发而提出。但是答案必须由学生根据已有的知识才能得出。教师应通过尽可能多地让学生组织问题、回答问题来增强他们的成就感和自信心。

3.增加背景信息

阅读理解除了需要文字符号传达的直观性信息外,还需要丰富的背景信息。这里主要指文化背景知识。在很多情况下,我们能看懂文章中的词语,但不一定读懂文章的意思。这主要因为缺乏背景信息,例如专业知识、风俗习惯、人际关系、价值观念等。

阅读教学中增加背景信息的方法有很多,例如介绍背景。阅读前向学生提供阅读材料的背景知识,或由学生讨论有关信息,但不主张涉及阅读材料的内容本身。阅读后也应进行归纳和对比,适当加以扩展。应指导学生学会使用工具书、运用现代教育技术查阅背景信息。增加背景信息最主要的途径是不断增加阅读实践。

4.推理

推理判断是阅读理解的基石。阅读理解不是一个被动接受知识和信息的过程,而是不断思考、推测或推断的过程。成功的阅读者总是从假设或推测开始,带着问题进行阅读,善于领悟作者的言外之意,从"无关"中悟出"有关"。阅读教学中应指导学生根据文章的标题、插图、段落的主体句、过渡词,以及句子之间的逻辑关系等因素推断作者的观点和态度。要做到这些,教师进行推理的示范是很重要的。练习时需要学生能概括所选语篇中的线索并根据各自的经验做出推理。如:

The family next door, who enjoy camping, are carefully loading their car with camping gear. You over hear one of them mentioning that they had better not forget to cancel their newspaper for a month.

问学生推理性的问题,如:"What are these people preparing to do?"然后鼓励学生证明自己的假设。学生很可能观察到邻居显然要去露营,而且要去一个月,然后指出语篇虽未直白地写到,但是根据我们的经验,我们可以很有把握地推断我们的结论是正确的。

我们还可以推论:如果报纸不取消的话,就会堆积而成为小偷的目标。这个推理过程既依据了文章的线索又有我们经验的佐证。

5.确定重点

确定重点是快速准确阅读理解的另一重要方法。它在某些方面取决于读者的阅读目的,但更重要的是确定主题和关键概念能高效地帮助读者提高阅读速度和对文章的理解程度。通过对重点内容做标记等具体措施,迅速理解文章。常用的具体策略有:

(1)略读(skimming):略读是指为了获取语篇大意而有选择地阅读。我们可以读题目、介绍、标题、副标题、插图、表格、每段的第一句,或者瞥一下每段其他句子或语篇的结尾段。

(2)找读(scanning):找读是指为了确定具体信息(事实、日期、名字、数据等)而快速浏览阅读材料的技巧。例如我们查找电话号码、列车时刻表、查字典等用的就是找读的方法。通过找读,我们还可判断文章的组织方式,如时间循序(chronological order)、空间循序(spatial order)、主次循序(climactic order),以及话题循序(topical order)等。

6.概括

指导学生如何概括所读材料是全面提高阅读技能的又一个重要方面。概括能力要求读者筛选很大的语篇单位,分清重点与非重点,然后将语篇的观点综合起来组成新的连贯的语篇。要求被概括的内容能真实地反映原文的思想。教学中可经常让学生为所学文章写摘要。写摘要不仅提高学生的综合概括能力,同时也能全面提高他们的阅读能力。教学中可遵循渐进的步骤有:

(1)删除不必要的材料。

(2)用一个词代替一系列东西的名称(如"水果"可以替代苹果、香蕉等)。

(3)用一个词代替一系列动作。

(4)选择一个主题句。在没有主题句的情况下可自编一个。

7.精读与泛读结合

精读教学是我们英语教学的支柱。通过精读教学,学生可以获得信息,学到语言知识,同时也获取阅读技巧,从而增强阅读能力。没有语言知识(词汇、句子结构、话语结构等),学生对于目的语的解码(decoding)就无从谈起。基础语言知识越熟,解码的自动化程度就越高,阅读能力就越强。但是,我们必须注意的是,我们学习语言知识是为了应用,为了更加高效地阅读。要始终把教学的重点放在知识运用和能力培养上。知识要在情景中呈现,在语篇中理解,在练习中熟悉,在运用中内化。要培养学生归纳语言规则的能力。

要培养学生的阅读能力,仅仅依赖精读教材中的课文是不够的。课程标准在要求课外阅读量达到30万个词以上。这就要求我们必须选用教材以外的材料来实施阅读教学。要提倡建立学校和学生个人的阅读文库,并科学利用。只有通过精泛结合,才能培养出更多优秀的阅读者。

(四)阅读教学的实施

高中英语阅读教学活动突出自主、合作和探究的学习能力培养,着重提高学生用英语获取信息、处理信息、分析问题和解决问题的能力,尤其重视英语思维的能力。可以把课堂阅读教与学的实施主要集中于三个过程:读前(pre-reading)、读时(while-reading)和读后(post-reading)。

1.读前

这个过程中,要引出或提供有关语篇的背景知识,激活学生已有认知"图式"。对那些学生不熟悉的题材内容,可提前要求学生预习有关主题(但不是预习所学语篇的内容),这样既可帮助学生对所学语篇的主题有一些初步的认识,提高学生对语篇内容的熟悉度,又可避免扼杀语篇的交际性和学生的阅读兴趣。在这个环节中,要经常采用集体讨论(brainstorming）的方式，引导学生把注意力集中到将要阅读的话题上来，激发学生的求知欲望。

2.读时

这一教学过程要指导学生运用不同的策略，不断地获取信息和加工信息。在此过程中，应指导学生首先把注意力集中在文章的意义上，而不是语言形式上，即首先通过浏览整个语篇，迅速抓住大意，称为宏观阅读（macro reading）。随着阅读的进行，要较快地确定语篇的体裁（说明、记叙、议论、描写等）题材，要能看出作者是如何开篇、如何结尾的，段落是如何拓展、衔接、照应的。同时，还要复习熟知的或接触过的类似的故事或文章。要及时地参考插图、标题，并充分运用略读、找读等技巧以明确语篇结构、要点和文章走向等。要注意关键词或某些生词。值得指出的是，有些教师进行阅读教学时习惯于先让学生听课文录音，这是不可取的。

3.读后

在这一过程中，要检查学生的理解程度，并引导学生对语篇进行更深层次的分析。因为在现实世界中，人们阅读的目的不是要记住作者的观点或者总结语篇内容，而是要看透作者的思想或者将新的信息整合到自己已有的知识中。尤其是外语阅读，必须超越细节。要通过不同形式的练习深化理解，内化规则，提升技能。这些练习主要包括：如果是故事类，要让学生进一步明确作者的构思，对主题进行更深层次的提炼。要让学生尝试给出新结尾，或对故事进行表演，或改换角度重新编剧等。如果是信息类文章，要让学生写出图表式总结以及仿写等。此外，还要向学生推荐与本话题相关的文章供学生泛读。

四、写的技能教学

在英语教学中，写的技能一是指书写技能，如字母、单词、句子、标点等的书写规范，二是指写作，目的是培养学生运用书面语的表达能力。进入高中以后学生的书写和写作技能都要重视，但应侧重写作能力的培养。当前关于写作的研究很广泛，如过程教学法（the Process-focused Approach）、体裁教学法，以及把过程教学法和体裁教学法相结合产生的“过程-体裁”教学法，还有主张将写作技能的培养建立在交互活动的经历上，提出了班级集体写作（class writing）、小组集体写作（small-group writing）、个人写作（individual writing）和社会实践写作（community writing）4 种方式。

（一）英语写作教学的现状及新课程对高中英语写作教学的要求

多年来，高中英语教学因受到应试教育的影响，学生写的技能的发展不够理想。在高一和高二年级，很多英语教师没有真正把英语写作作为一项重要技能来培养，而是主要靠进入高三年级以后才进行所谓的“针对性”强化训练。另外，需要指出，在基础阶段的写作训练中，重点进行“指导性写作（guided writing）”训练是必要的，但此类写作的缺点是学生的想象力、创造力、发散思维能力等不能得到充分的发挥，因而不利于学生综合素质的提高。因此，在写作训练的高级阶段，要让学生进行适当的“自由作文”练习。

高中英语写作教学的目的为表述事实、观点、情感、想象力，交流信息，培养规范的写作习惯；学生应通过大量的专项和综合性语言活动，形成综合语言运用能力，为真实语言交际打下基础。所以说，写作既是语言学习的目的，也是语言学习的手段。为了学生的终身发展和全面发展，新课标对学生写的能力要求较高，这就要求学生有扎实的语言基本功，具备一定的审题能力、想象能力、表达能力、评价能力等。据此，教师在平时的教学中要有意识地系统训练学生的英语书面表达能力。英语写作能力的培养并非是一蹴而就的，而是一个长期的从量变到质变的系统工程，教师必须有一个从高一至高三的通盘计划和合理训练模式，切忌急于求成。因此，教师只有从平时的课堂教学一点一滴抓起，持之以恒，滴水穿石，才有可能最后达到英语写作的要求。

（二）高中英语写作构成要素

1.语言知识（语音、语法、词汇等）

语音、词汇、语法是语言的三个基本要素。学生要想充分表达自己的思想，掌握足够的词汇量是前提，准确理解词的含义是基础，能写出语法正确、合乎英语表达习惯的句子是目的。但是由于英语中的性、数、时态、语气、语态、句式结构等在表达上和汉语有很大的不同，如果在表达时不能摆脱母语的影响，就会造成母语对目的语写作的负迁移，学生写作中呈现出来的大量的汉式英语就是证明。

2.思想内容（观点、情感等）

写作是人们进行书面交流的一种形式。文字是反映作者的思想、情感和观点的载体。所以，一篇好的作文应该有鲜明的中心思想（main idea），每一段或者每一个层次都应有一个与中心思想相关的主题（topic），文中的论述、描述、例证都应围绕文章的中心。

3.表达交流（句子、段落与篇章结构等）

根据 Halliday 的语篇理论，语篇衔接主要通过语法手段、词汇手段和逻辑联系语来完成。其中语法手段包括时间关联、地点关联、照应、代替、省略、所指、词汇黏合和时体配合等。词汇衔接包括复现关系和同现关系。逻辑关系语可分为增补、转折（让步）、原因（结果）和时间四类。这些因素要求英语句间衔接既重“意合”又重“形合”。但现实中学生的写作与这些要求有很大的差距，作文跳跃性很大，句子之间、段落之间、主题与各段落之间缺乏有机的联系、照应和连贯性。

4.书写规范(书写格式、标点使用等)

不同的文体(type of writing)对于格式的要求是不同的,英语、汉语之间的同类文体格式也不尽相同,如信函、报告、说明文、电子邮件、日记等都要求有其独特的格式。英文的标点符号及用法与汉语也有不同。英语单词的大小写、单词的分行是汉语中不存在的。

5.文化背景(英美国家文化、风俗等)

由于中西方的文化差异,东西方人的思维习惯、表达方式也有所不同,中国人的思维方式常常是螺旋式的,而西方人则比较喜欢"开门见山"。其次,了解了西方的文化风俗,能在文章中使用一些常用的英文谚语、成语或名人名言,也能使文章锦上添花。如:

(1)Man proposes and God disposes.(谋事在人,成事在天。)

(2)Every coin has two sides.(事物总是一分为二的。)

(3)Failure is not failure itself,but failure to learn from failure is.(失败本身并不是失败,不能从失败中汲取教训才是真正的失败。)

(三)高中英语写作训练步骤

1.写前活动(pre-writing activities)

写前活动又称"准备活动"。"语言在用笔写下之前一直是潜意识中的东西。"(Halliday,1973)准备阶段的教学目标是让学生在教师的指导下全面分析、掌握材料,形成写作提纲和"腹稿"。动手之前应该有一个充分的思考或讨论交流的过程,从而激发灵感,确定作文的主题和中心思想,然后根据主题搜集与阅读有关的素材,再撰写写作提纲。通常情况下准备内容有以下四项:一是阅读、分析有关材料(文字或图表等),占有材料,掌握事实;二是拓宽思路;三是交流观点;四是打"腹稿"。

在该阶段,阅读范文不是为了抄袭,而是用来启发和开阔自己的思路,这就需要阅读时要善于分析和判断。积累素材时需要思考和选择。提纲简洁明了、条理清楚,才能保证作文结构清晰,有章可循。

2.写时活动(while-writing activities)

写时活动是指将构思付诸书面文字,也是对写前构思提纲的完善和充实。这一阶段主要有以下四项内容:一是根据"腹稿"拟草稿;二是重读、自检错误;三是进行文字推敲、润饰;四是定初稿。进行第一项时最好一气呵成,不要边写边改,否则写作思路就会被打断,很多表述的内容会不连贯。第二或第三项过程中可能会产生新的思路或要点,这时应随手记下,斟酌之后再进行润色或修改。

在该阶段,当学生遭遇"词不够用"或"词不达意"的尴尬境地时,教师应指导他们不要过分依赖词典,仅靠查词典写出的短文,肯定让人如坠云雾。应指导学生平常做好积累,以利于语感的发展。

3.写后活动(post-writing activities)

写后活动是进一步提高写作能力和素养的重要一环。抓好习作讲评课,及时反馈信息,自然就成为提高学生书面表达能力不可缺少的环节。该环节主要包括自我修改、相互修改(互改以同桌的两人为宜)和小组面批等。修改内容主要是检查语言、文法、逻辑、用词,还有进一步润色等。

一般情况下,可以引导学生从以下六个方面进行修改:

(1)文章是否切合题目的主旨大意。

(2)要点是否齐全、有无遗漏。

(3)结构是否合理、内容是否连贯、层次过渡是否自然。

(4)有无人称、时态、语态、单复数、一致等方面的语法错误。

(5)有无句型、搭配方面的错误。

(6)有无单词拼写、大小写、标点方面的错误。

班内、班际之间进行交流或者选择优秀作品进行展览,有利于学生互相取长补短,集思广益,提高写作水平。为做到面向全体学生,对于基础较差的学生,需要教师对其面批面改,做到边启发、边修改。这样,学生更能集中注意力,老师也更能把问题讲清、说透,从而取得更好的效果。

(四)写作技能的训练方法

写作技能训练的方法和形式是丰富多样的。写作实际上是组词成句、连句成段、连段成文的系统工程。在写作训练时,要随着学生写作水平的提高,逐步由“指导性写作(guided writing)”过渡到“半开放式写作(half open writing)”,再进而过渡到“开放式写作(open writing)”。训练的模式从高起应该由浅入深、从简到繁,并经常通过游戏和其他有趣的活动不断激发学生的写作热情。

以下推荐一些常用的写作技能训练模式:

1.段落排序组文

段落排序组文的目的是培养学生的逻辑表达能力,一般适用于高二、高三。可将一篇完整的文章的层次或段落打乱,然后发给学生,让他们分组进行讨论,把文章还原成原来的顺序。这种活动起源于一种国外儿童喜欢的 Jigsaw Puzzle 游戏。其目的在于让学生理清作者的思路或故事的发展情节,在锻炼学生对文章进行整体理解的同时,引导他们把握篇章结构,学会整体构思。

2.听写

听写是一种综合练习形式，尤其是一种被广泛采用的写作练习形式。听写的方式多种多样，其中一种被叫作 Dictogloss 的方法对于锻炼学生的写作能力非常有效。听写的内容可以是一篇难度适中的短文，以 6~7 句为宜。老师朗读三遍：第一遍用正常语速，学生只听不写，掌握文章大意；第二遍语速稍慢，学生只记关键词；第三遍语速稍快，学生加深印象，并核对所记内容。鉴于学生不可能记下所有的信息，所以可以分组进行交流，采用 Brain storm 的方法，并指定小组长整理出完整的文章，最后由小组长朗读本组整理的文章，进行小组间的交流。因为采用了组内合作、组间交流的形式，所以同学们参与的积极性会非常高，交流的气氛也会非常热烈。

3.看图写话

看图写话旨在锻炼学生的语言组织能力。可以在平时留意收集一些有趣的、贴近学生生活的漫画或动画，作为写作的素材。例如，著名德国漫画家卜劳恩的《父与子》系列漫画就非常适合让学生用英语进行描述；目前网上流行的很多 flash 动画也是非常合适的好素材（为了不让学生受动画中配音的影响，可以在播放时将声音隐去）。看图写话非常有益于锻炼学生的想象力。对于同一幅画，不同学生的表达方式会大不相同，这可以给优秀学生的发挥提供很大的空间。

4.复述或改写课文

具体做法为：教师可以就课文提出单项性、概括性、启发性或评价性的问题，然后让学生把若干问题的答案串成课文的梗概；也可以根据提供的关键词、课文提纲、图片让学生进行复述或改写。改写的标题可与原文标题不同。

5.同桌书面聊天

同桌书面聊天可锻炼学生的表达能力，也能增加趣味性。网络聊天是广大青少年非常喜欢的一种交流方式。我们可以将这一方式引入我们的写作教学当中。做法是：在课前指定一个适合学生程度而且比较有趣的话题（例如 Internet and Teenagers，My Favorite Pop/Sports Stars 等），发动学生提前查阅相关资料，掌握相关内容和词汇，然后上课时在同桌之间进行书面聊天。这种活动以激发同学们的参与热情为主，可以在学生疲劳时作为一种游戏进行。刚开始时学生可能不太适应，但坚持一段时间后学生会非常喜欢这种活动，表达能力也会有较快的提高。

6.实用性写作

实用性写作的类型有书信、电子邮件、日记、假条、通知等。教师应尽量创造机会，让学生进行实用性的写作训练。例如学校搞活动或比赛时，可以要求学生用英语写通知，并提醒他们注意通知的格式；老师还可以提倡学生上网，寻找一些国外的笔友（pen pals），通过 E-mail 进行交流等；教师也可以出一个大题目，如 My Senior High School Life，My English Teacher 等（以记叙文为主），要求学生每天在课余时间写一小节内容，就像电视连续剧那样，续写不断。但是，教师要定期要求学生上交，然后批改。经过一段时间（根据教师的写作教学计划安排）的训练，学生要回顾自己前边的写作，看自己取得了多大的进步。

总之，写作能力的训练模式多样，教师应本着“寓写于乐”的原则，充分调动学生写的积极性；同时，写作活动的设计也要本着“由易到难”的原则，要符合学生的认知规律。

如何对待学生写作中的语言错误呢？犯错误是学生在英语学习过程中不可避免的，但要正确对待。加拿大魁北克省在进行“法语沉浸式教育”时，采取了“语言艺术课”的形式，即集中学生在平时所犯的比较典型的语言错误在语言艺术课上统一解决，既纠正了学生的语言错误，又保护了他们讲法语的积极性。教师在写作教学中也应该注意保护学生写作的热情和积极性。应做到集体统一讲评和给学生单独面批相结合，学生自批与小组互批相结合。这样，既提高了学生的纠错能力，又减轻了教师的负担。

此外，对学生的写作进行评价时，应该以鼓励为主，充分保护他们的写作热情，但应督促学生在原有基础上进一步提高写作水平；要设计不同层次的评价目标，关注每一位同学的进步；应采取多元化的评价体系，关注学生语言应用能力的发展过程。关于学生的自我评价，可参考下列要素和标准：

What Can a Good Writer Do

I can

①plan before I write.

②write about real things.

③write stories with a beginning，middle and an end.

④ask others to read my work.

⑤write in complete sentences.

⑥leave spaces between words.

⑦put periods at the end of sentences.

⑧make my handwriting easy to read.

第四节　新课程高中英语语言知识教学

一、新课程对语言知识教学有哪些新的要求

新课标将语言知识定为课程内容之一，并明确指出，“语言知识包括语音、词汇、语法、语

篇和语用知识。学习语言知识的目的是发展语言运用能力,因此要特别关注语言知识的表意功能。”这便将语言知识教学置于非常重要的地位。这就要求我们在课程标准的实施过程中,要在重视其他目标的同时,充分关注语言知识目标,认真研究达到目标的有效途径。

新课标还对语言知识教学的深度和广度提出了更高的要求。一是明确规定“高中学生应该学习和掌握的英语语言知识包括语音、词汇、语法、语篇和语用等五个方面的内容”。这就拓宽了传统的语言知识范畴。二是通过对语言知识目标的行为化描述,强调了学习知识的目的是为了运用这些知识来完成各种任务,反对为了知识而学习知识。三是规定的词汇量比以往的教学大纲大幅度增加。

在新课程理念框架下充分关注语言知识教学,是课程标准的研制者们在分析研究各国外语教学研究成果和我国中学外语教学实际的基础上做出的理性决策。经过多年的研究、实践和争论,目前国际上“几乎普遍地达成共识:在交际教学框架内进行一些针对语言形式(语言知识)的教学是重要的”。“早期交际教学路子的损失之一是缺乏对词汇的有计划的关注。”而我国的中学英语教学,既长期存在过分关注语言形式、以知识为中心、忽视语言运用的痼疾,也有盲目模仿国外二语教学模式,片面强调听说活动、忽视语言知识目标落实的倾向。

课程标准还要求将语言知识教学与学生的发展相结合。课堂教学应改变以教师为中心、单纯传授书本知识的教学模式。教师应帮助学生发展探究知识的能力、获取信息的能力和自主学习的能力。

二、语言知识教学中应注意的问题

(一)尽量减少 TTT(teacher talking time 教师的话语时间),确保足够的 SPT(students practicing time 学生练习时间)

实践性原则是外语教学最重要的原则之一。如果教师占用大量课堂时间讲解,学生练习、实践的时间就必然减少,结果学生花费大量的时间学习英语,却收效甚微。

减少 TTT,并不意味着教师负担的减轻。相反,教师应在课前花费更多的时间研究教哪些、怎样教的问题。应重点讲解那些与学生的英语能力发展密切相关的、最基本的、规则性的知识,而那些零星的非规则性的知识则主要靠学生在大量的语言实践中逐渐掌握。如冠词的用法,关键是要讲清泛指和特指的基本规则,而许多固定用法则不必一一列举。教师的讲解应尽可能简明扼要,然后提供丰富的语境让学生运用。

(二)尽量避免孤立地、单纯地讲练语言知识

只有在听、说、读、写语言技能训练的大框架内设计语言知识教学,才能真正提高学生运

用知识的能力。课文中的词汇、句型等，一般不宜让学生过早地关注这些知识，而应首先关注文章中的信息，在关注信息（即阅读活动）的过程中，学生自然会对这些语言知识产生一些感性认识，然后引导学生通过语境分析、猜测、推理等探究活动，逐步弄清该知识的意义和用法。必要时，教师进行简明扼要的点拨和归纳，而后根据学生实际，针对重要的知识点进行操练和活用。这样虽然可能花费的时间长些，但对培养学生分析问题和解决问题的能力、对学生的终身发展具有重要意义。这是新课程强调的重要理念。

（三）尽早让学生掌握学习语言知识的工具，获得自学能力和习惯

语言知识的理解、记忆和运用，归根到底要靠学生自己，再高明的教师也无法替代他们。特别是我国的大班教学，使教师在课堂上非常难以满足学生多样化的需求。因此，尽早让学生掌握学习语言知识的策略和技巧，获得自学能力和习惯，对其外语学习的可持续发展具有重要意义。尽早地训练学生使用工具书（语法书、词典等）的能力，尽早地让他们掌握工具性知识（如构词法），尽早让学生养成同伴互助习惯、课外阅读习惯等，是十分必要的。

（四）不要轻易丢弃传统的行之有效的语言知识教学方法

我国是外语教学大国，拥有世界上最庞大的外语教师队伍，加上全社会重视外语教育，在改革开放以来的教学实践中，积累了许多宝贵的语言知识教学经验和方法，不少方法被实践反复证明符合中国人学习外语的特点和需求，是行之有效的。我们应该在新课程理念的指导下，进一步改进、发展这些方法而不可盲目地全部否定。事实上，将各种教学流派和方法兼容并蓄，取其所长而用之的灵活教学法（the eclectic approach）已被国际上多数外语教学工作者所认可。

三、主要流行语言知识教学模式审视

（一）PPP 模式

PPP 模式即 Presentation—Practice—Production（呈现—练习—运用）语言知识教学过程。本模式基本符合语言知识学习规律，如操作得当，效率较高。容易出现的问题是：Presentation 的理想效果是：教师创设恰当的情景，使用典型的例句呈现知识，学生通过听、观察和分析理解意义和结构，必要时教师加以点拨。这对教师的备课投入和外语水平有着较高要求，并非所有教师每次都能做得理想，有的老师有时采取直接讲解、举例的方式。Production 阶段对大班教学是一种严峻挑战，对教师的课堂组织能力要求较高，操作不好，容易流于形式。

(二)TBLT 模式

Task Based Language(TBLT)模式即任务型教学模式。TBLT 的基本理念是学习者用语言做事情,在做事情的过程中自然习得语言。J.Wii(1996)对 Task 定义为:学习者为某一交际目的而使用目的语,以取得某一成果。Nunan(1993)认为学习者在处理交际任务时,主要关注语言意义而非语言形式。D.Willis & J.Willis(2001)认为,TBLT 的基本特征是执行任务的学习者自由地使用任何可以使其取得结果的语言,不事先准备语言知识。这种学习方式对于形成流畅、自动化的交际能力特别是口头交际能力应该是比较理想的方式。但突出的问题是,如何设计出自学习初始阶段至高级阶段一系列科学的任务,使学习者无须专门学习语言知识便可形成理想的交际能力。这是 TBLT 的创立者和追随者迄今尚未解决的难题。D.Wilis & J.Willis(2001)指出,最近的研究表明:尽管在交际中的使用是语言习得的主要驱动力,但要想使习得达到最佳效果,我们还需要在某些环节关注语言形式。Skehan 则认为:如果我们不鼓励关注语言形式,学习者会获得达到交际目的的有效策略而不伴有语言系统的同步发展。他们会发展一种"教室方言",使之虽有语言缺陷却可交流思想。结果他们可能会僵化在较低级的语言发展水平上。

鉴于上述原因,目前的 TBLT 已经出现了一些变体,比如有的主张在任务前或任务中或任务后提供适当的语言支持。这样一来,就与 PPP 模式比较接近了。我们认为,认真吸收 TBLT 的一些合理理念和做法,在课堂教学中尽可能设计接近真实的任务,让学生真正在交际中使用英语,无疑会使"哑巴英语"大大减少。

(三)OHE 模式

0 指 observation,即观察目的语的运用情况,这是教学的基点。H 指 hypothesis-formation,即对观视察到的语言现象提出假设,这是观察的结果。E 指 experiment,即对假设进行验证。本模式较好地体现了学生的主体地位,对培养学生观察客观现象、发现问题、分析问题和解决问题的能力,对学生的终身发展有着十分重要的意义。但课堂教学毕竟不能等同于真正的社会实践,它要求学生用最少的时间投入获得最佳的学习收益,而完全靠学生的自我探究获取知识不仅费时多,而且经常难以实现。因此,本模式只能根据需要和可能灵活运用。

(四)IP(P)模式

所谓 IP(P)模式即 Instruction—Practice(—Production)语言知识教学过程。带括号的 Production 意为常常被略去的非真正意义上的 Production,如用所学词汇或结构造句等。这是比较典型的传统语言知识教学模式,目前在我国仍有相当数量的教师在使用。不过这种模式已比 20 世纪 80 年代及以前的模式有较大改进,即强调尽可能使 Instruction 简明扼要并配以典型例句,然后配之以大量的多种形式的练习,直至学生达到熟练的程度,然后有的到此为止,有的则再进行一些类似 Production 的活用练习。这种模式的优点是对教师和学生外语水平的要求不是太高,比较好驾驭。若使用纯熟,可用较少时间处理较多语言知识并取得显著的效果。缺点是在这种模式下,学生成为被动的知识接受者,自主探究的空间很小,长此以往,不利于学生思维能力的提高和自学能力的形成。若能精选讲练内容,严格控制此类活动,使其在整个听说读写活动中占据较小的比例,可对整体教学目标的实现起到积极作用。但习惯于这种模式的老师,往往有把过多的知识点定为讲解内容的倾向,这便容易带来负面影响。

四、语言知识教学分类实施策略和技巧

(一)语音

新课标提出的语音教学知识内容要求,大致可以归纳为以下三点。

必修:(1)根据重音、语调、节奏等的变化感知说话人的意图和态度;(2)借助重音、语调、节奏等的变化表达意义、意图和态度等;(3)在查阅词典时,运用音标知识学习多音节单词的发音。

选择性必修:(1)运用重音、语调、节奏等比较连贯和清晰地表达意义、意图和态度等;(2)发现并欣赏英语诗歌、韵文等文学形式中语言的节奏和韵律。

选修(提高类):(1)运用恰当的重音、语调、节奏等有效地表达意义、意图和态度等;(2)根据节奏和韵律创作英文诗歌;(3)与不同地域的人进行交流时,可以识别出其发音和语调的不同。

为实现上述目标,根据高中阶段的特点,应重点做好以下工作:

(1)强调语音学习的长期性、持久性,避免消极放松现象。不少师生认为,语音教学是小学或初中入门阶段的事情,到了高中就没有语音问题了,或即使有问题也因已定型而难以改变了,因而放松了对语音的训练。其实,一般说来,小学或初中只部分解决了流畅、自然和可懂性的问题,交际性的问题远未解决。

(2)注重在常规教学中落实语音目标。一般说来,高中阶段无须经常性地进行专门的语音教学。主要应在以下环节中落实具体语音目标:学习新词时,要让学生读准音;听力训练时,在首先关注意义完成理解任务的前提下,通过复听,关注说话者是如何利用重读、语调等表达意图的,并进行模仿;学习课文后,要利用朗读带和领读带认真模仿,弄清句子重音、意群、节奏语调等与语言意义的关系,根除有口无心、机械朗读的不良习惯。

(3)适当组织一些英文诗歌、歌曲欣赏活动,感受其节奏和韵律。

(4)适当组织一些英语朗读、演讲、短剧表演等竞赛活动,激发兴趣、增强动力,促进语音

总目标的逐步落实。

(二)语法

(1)归纳和演绎相结合,灵活施教。针对某一语法项目,我们可以列出课文中的典型例句,让学生观察、思考,发现规则,也可以先简述规则,然后举例说明,或让学生提供例句。前者为归纳方法,后者为演绎方法。方法虽异,殊途同归:最终都要实现学生对语法规则的理解。两种方法体现了人的两种思维模式,很难绝对地说孰优孰劣。正如恩格斯所言:“归纳和演绎,正如分析和综合一样,是必然相互联系着的。不应当牺牲一个而把另一个捧到天上去,应当把每一个都用到该用的地方;而要做到这一点,就只有注意它们的相互联系,它们的相互补充。”当然,高中学生的思维能力已高度发达,要尽可能引导他们通过自主、合作、探究去掌握规则。

(2)准确理解,充分练习,情景化活用,在实践中内化。准确理解语法规则是运用的前提。无论用归纳法还是演绎法,都必须达到这一目的。比如定语从句中关系代词的用法,通过让学生观察例句,发现关系代词的两种功能:一,桥梁功能,即连接先行词和定语从句;二,替代功能,即代表先行词在定语从句中充当主语或宾语等。弄清了这两点,使用关系代词便变得容易起来。理解规则后立即进行口、笔形式的练习,直至熟练。然后再设置不同情景,进行活用。至此,课堂教学程序基本结束,但若要克服回生和遗忘现象,使学生真正将知识内化,不仅要靠有计划的复习,更重要的是要靠学生在课外独立的听说读写活动,特别是在阅读活动中反复接触和运用。

(3)掌握工具,练就自学本领。由于学生的个性差异,课堂教学不可能解决所有学生的所有问题。因此,学生手头应备有一本简明的语法书。我们不主张学生从头至尾地啃语法书,而主张其碰到问题时随时查阅。

(三)词汇

(1)话题下集中识记,阅读中再认真巩固。目前的中学英语教材,大多按话题分单元编写。这除了便于听说读写活动的有机结合之外,对词汇的识记、巩固、理解和运用也十分有利。学生可以集中学习大量与话题有关的单词,在学好教材内容的同时,同步阅读英文报刊和因特网上的相关栏目。从多数新课标教材看(如人教社版和外研社版),每单元的生词量一般在30~50个。为了课外阅读的需要,有时还有必要做进一步的补充。

根据外语词汇学习研究成果和多数外语学习者的经验,采用集中与分散相结合、有意识记与无意识记相结合的策略学习词汇,效率较高。所谓集中识记,是指学生对每单元生词表中的单词通过集中反复读写,强记其音、形、义,目的是解决认读问题,为顺利阅读扫清障碍。这种方式,可以充分利用有意识记的优点,在短时间内记住大量生词,然后通过阅读课文,立即以无意识记的方式加以巩固，这与背词典等孤立地记单词的方式有着根本的区别。一般说来，若课文中生词不是太多，宜先让学生阅读课文，获取信息，同时猜测词义，而后再集中识记单词。但如果课文中有过多生词需要猜测词义，学生就不得不过多地关注这些生词，结果反倒影响其更应关注的东西——课文所要传递的信息。在这种情况下，则可在处理课文前集中识记部分生词。由于学生只识记了单词的基本词义，其在语境中的引申意义或与其他单词组合而产生的新义仍会给学生提供猜测的空间。学生根据上下文猜测词义的能力可以通过同一话题的课外阅读进一步培养。集中识记不仅可以在处理课文前进行，而且还应在单元教学期间和之后多次进行，只有这样有意识记与无意识记双管齐下，学得和习得优势互补，学生才有可能完成长期而艰巨的词汇学习任务。

(2)词不离句，句不离文，语境中深化。集中识词可解决大量单词的音、形义的记忆问题，但一些积极词汇的用法，还需要在语境中专门予以关注。除利用教材和课外相关话题阅读材料外，教师还应注意积累鲜活真实语料，为词汇学习提供丰富营养。例如，在讲解动词 take 用作“需要、消耗”的句式时，可提供下列真实语料：

At the 1996 Democratic National Convention, Hillary said, “For Bill and me, there s been no experience more challenging, more rewarding, and more humbling than raising our daughter. And we have learned that to raise a happy, healthy and hopeful child, it takes a family, it takes teachers, it takes clergy, it takes business people, it takes community leaders, it takes those who protect our health and safety, it takes all of us.

美国第一夫人的高论，会引起学生的极大兴趣，他们不仅会关注 take 的用法，还极可能把这整段文字熟读成诵，大大提高学习的综合效益。

(3)归纳对比，充分操练，积极词汇积极用。对于一些搭配能力强、用法复杂的积极词汇，有必要进行专门的讲和练。可通过归纳举例，同义词、近义词、反义词比较，多样化练习等形式，让学生牢固掌握其用法，并通过坚持写日记、与笔友通信等不断使用所学知识，逐步达到运用自如。

(4)“授之以渔”，词汇学习方法多。

构词法知识对记忆单词猜测词义等有很大帮助，宜尽早让学生掌握。

音形结合记单词：听音写形，见形读音。

根据上下文猜测词义。

科学记忆：首次过度学习，多感官参与，及时复习，科学分类，等等。

以语块(chunks)为单位，记忆、使用语言，减轻思维负担，提高加工速度。大部分单词都与一个或多个单词组成比较稳定的搭配，与其孤立地理解、记忆各个单词的用法，不如把它们看作一个整体来使用。例如：

Would you like to...?

I'm looking forward to…

With best wishes.

Do you mind if I…

Excuse me, but…

fish and chips

answer the door

a bird's eye view

Well begun is half done.

选择、使用词典：尽量使用英汉双解词典或英—英词典。词典应有丰富例句，只有释义而无例句者不用。不仅要查释义，更要查用法、观察例句。

合作学习：相互听写、提问单词。

（四）功能

语言功能是指某一语言形式用在特定的场合所发挥的作用。同一语言形式可以有不同的功能，如："It's rather hot here in this room."这句话在同伴之间可以是客观性的评论，而若说话者是上级，则下属很可能会把空调打开，这句话便发挥了祈使句的功能。同一语言形式经过不同的操作，也会产生不同的功能，如：

A：Would you please turn down the radio a bit?

B：Sorry.（平调表示正常的道歉；降调表示拒绝；升调表示没有听清，希望对方重复。）

反过来，同一功能可以由不同的语言形式来表达。例如，说话者想让某人关门，可以根据其与对方的关系选择使用下列形式：

Close the door, please.

Could you please close the door?

Would you mind closing the door?

Excuse me, could I trouble you to close the door?

You've left the door open!

Brrr! It's cold, isn't it?

让学生了解语言形式和语言意义之间的关系，对他们在交际中得体地使用语言会有很大帮助。在高中阶段的教学中，我们要首先了解学生对哪些功能项目掌握了较多的语言形式，并能有效地运用，在哪些项目上还比较薄弱，然后在语言知识和语言技能的教学过程中有机地融入语言功能教学，使学生随着语言知识和技能的增长在各个功能项目方面表达得越来越丰富、越来越得体。

课程标准之前的高中英语教学大纲在各个功能意念项目下还列出了一些常用的语言形

式,我们在教学中仍可参考。

(五)话题

话题知识对外语的学习和运用都有着重要影响。有关生疏话题的语言材料学起来就比较困难,而对一无所知的话题,即使外语水平再高,也难以表达一二。话题知识的目标,主要应通过外语教学的宏观设计来实现。新课标教材大都注意到这一点。我们在教学中,一,要依托教材,以话题为核心,先关注话题信息,再组织语言知识和技能的学习和训练;二,不要局限于教材,要创造条件,让学生广泛吸收教材之外的有关话题知识。如学到 Sports 这一话题时,应引导学生阅读英文报刊及网上的体育栏目,收听英语体育新闻等。这样,便使英语教学超越了纯语言教学的狭小范围,发挥了扩大学生知识面、提高其文化素养的重要作用。

第五节 新课程高中英语学习策略的培养

一、学习策略的内涵及其意义

学习策略主要指学生为促进语言学习和语言运用而采取的各种行动和步骤。学习策略的使用表现为学生在语言学习和运用的活动中,受问题意识的驱动而采取的调控和管理自己学习过程的学习行为。有效使用学习策略有助于提高学生学习英语的效果和效率,有助于学生发展自主学习的习惯和能力。学习策略的使用还具有迁移性,有助于促进学生终身学习能力的发展。

新课程将学习策略列为课程目标是因为:第一,学生使用学习策略能提高英语学习效率;第二,运用学习策略有利于学生形成自主学习的能力;第三,运用学习策略有利于学生实现个性化学习(individualized learning);第四,学习策略与教学策略相互影响。

二、英语学习策略的分类

关于学习策略的分类,有种种说法。新课标把学生在学习和运用英语的过程中常用的策略包括:元认知策略、认知策略、交际策略和情感策略等。

元认知策略指学生为了提高英语学习效率,计划、监控、评价、反思和调整学习过程或学习结果的策略。在信息加工系统中,存在一个执行控制信息流动的过程,这一过程主要是对认知活动的进行情况进行指导和监视,用以确定问题、选择解决策略、评估解决效果,其目的在于提高学习效果,而控制这个过程的基础是元认知。学习策略包括两大要素,分别是认知策略和元认知策略,其中元认知策略大致可以分为以下 4 种:(1)计划策略。主要是根据既定目标,在执行前对其解决过程进行计划,并对其执行结果进行预估,包括设置学习目标、发现学习问题、查阅相关资料、选择学习方法等。(2)监控策略。主要是对认知活动进行检查,以便根据实际情况对认知活动进行调整和修正。(3)评价策略。主要是对认知活动的效果进行评价反思。(4)矫治策略。主要是针对认知活动中的不足,及时采取有效的补救对策。上述4种元认知策略是相互联系的。大多数学生在应用以上元认知策略时先制订学习计划,然后有效监控自己的学习情况,针对问题及时采取有效的补救措施,再在完成学习活动后对学习效果进行评价。在高中英语教学中,认知策略是一种重要的学习工具,可以帮助学生将新信息和已知信息有机融合在一起,并长久地储存在记忆中。元认知策略可以对认知策略的运用进行指导和监测,对于学生的学习活动进行预估、调整和评价。

认知策略是指学生为了完成具体学习任务而采取的步骤和方法。这类学习策略的主要作用是优化人的认知过程。如在课堂上集中注意力;善于做课堂笔记;遵循记忆规律,提高记忆效果;把新旧知识联系起来;根据需要进行预习;注意观察、分析和归纳,发现语言的规律;对所学习的单词进行分类;区分消极词汇和积极词汇;在学习中善于借助视觉提示等非语言信息;借助语境学习词汇;借助联想把相关知识联系起来;使用工具书查找信息;通过图书馆和网络等资源获得信息;对所获得的信息进行有效的分类和储存;利用推理和归纳等逻辑手段。

交际策略是学生为了争取更多的交际机会、维持交际以及提高交际效果而采取的各种策略,比如主动与他人开始交谈、想办法克服交流中遇到的困难并使交流继续进行等。如在遇到困难时,为了使交际进行下去,按照塔龙(Tarone)的观点,学习者可利用转述(paraphrase)、借用(borrowing)、求助(asking for assistance)、手势语(gestures),以及回避(avoidance)等法,这些都是交际策略。

资源策略是学生合理并有效利用多种媒体进行学习和运用英语的策略。善于获得学习资源、充分利用学习资源对外语学习者来说异常重要。对我国的英语学习者来说,英语学习资源并不很多。因此,许多成功的英语学习者不但重视课堂学习,而且充分利用其他学习机会,做到了"随机学英语",这就是很好地运用了资源策略。

情感策略指学生为了调控学习情绪、保持积极的学习态度而采取的策略。通常这些策略可以组合运用以解决学习中较复杂的问题。作为教师,可以通过情感教学让学生能对英语学习保持积板、主动的态度,不断增强学习自信心,能针对在学习过程中出现的焦虑或急躁情绪分析原因,采用有效的学习方法自我调整,有毅力地坚持学习,从而使英语教学达到最佳效果。

三、高中英语学习策略的目标和培养途径

1.认知策略

(1)从不同角度认知新学语言项目,既关注语言项目的形式,又关注其意义和用法。

(2)在新旧知识之间建立联系。

(3)根据形式、意义或用法对新学语言项目进行分类。

(4)做笔记时能利用关键词、缩写、符号和数字等。

(5)遵循记忆规律,提高记忆效果。

(6)把一个领域的技能转移到另一个领域,例如:把母语学习技能转移到英语学习之中,把读和写的某些技能转移到听和说之中。

2.调控策略

(1)根据学习进展情况,调整学习计划和目标。

(2)了解自己使用英语学习策略的效果,并根据需要进行调整。

(3)能根据学习活动的需要,合理地分配注意力(把注意力集中在重点学习活动上)。

(4)学习中遇到困难时能分辨原因并尝试解决。

(5)控制和调整英语学习过程中的情绪和情感。

3.交际策略

(1)通过解释、重复、举例和证实等方式澄清或论证观点。

(2)能在必要时使用委婉语来表达意思和想法。

(3)根据语言使用环境,得体地使用语言。

(4)交际中善于克服语言障碍,维持交际。

(5)在真实交际中注意并遵守英语交际的基本礼仪。

4.资源策略

能通过图书馆、互联网、报纸、杂志、广播或电视等多渠道资源查找所需信息和材料,如百科知识、专业文献、公共信息、统计数据或新闻报道等。

实施新课程以后,对学生进行学习和运用学习策略的指导与培训是英语教师的一项重要任务。学术上,对学生学习策略的培养常称为"学习策略的培训"。

(一)英语学习策略培训方式及其实施

综合国内外学者提出的学习策略的培训方式,并结合我国中学英语教学的实际,英语学习策略的培训可采用融入性培训(integrating training)为主、集中训练(intensive training)和个别指导(individualized training)为辅的培训方式。融入性培训是指教师运用教材等现有的教学资源,结合学生的学习特点设计课堂活动,让学生在完成这些活动的过程中掌握学习策略。集中培训指学习策略的培训不与日常教学相联系,而是单独安排时间,教师对学生较难掌握的学习策略进行集中培训,比如怎样制订学习计划。个别指导是指教师针对每个学生的实际情况进行学习策略的指导。

融入性培训可按以下步骤进行:①教师布置语言教学活动。②学生根据要求参与活动。

在学生活动过程中,教师一方面要为学生提供可能的帮助,如语法或词汇方面的帮助等,一方面要根据事先确定的学习策略培训重点,观察学生使用学习策略的情况。③教师组织学生总结课堂活动。这一步骤主要针对活动本身,不涉及学生应采用哪些学习策略参与活动。④教师启发学生说出完成活动所用的方法,并结合学生对学习策略的使用情况,向学生提出启发性的问题,引导学生思考他们是怎样开展活动的。⑤教师让学生分组讨论他们活动中所采用的学习策略。⑥教师让学生在全班学生面前介绍其活动所采用的学习策略,同时,教师在黑板上记录学生所说的学习策略。⑦教师根据学生的介绍进行总结,同时补充新的学习策略。⑧教师让学生用所学的策略完成类似的学习任务。

集中培训开始前,要了解学生使用学习策略的大体情况,同时要让学生明确学习策略培训的重要意义。教师可用问卷调查的方式了解学生使用学习策略的情况。可请高年级英语学习优秀的学生介绍学习经验,并组织学生讨论这些优秀学生在英语学习中应用了哪些英语学习策略,从而让学生认识到运用英语学习策略的重要性。教师在集中培训中可对学习策略做全面的介绍,也可针对学生的实际学习情况有针对性地介绍相关的策略等。

每次英语学习策略培训后,要对学生掌握策略的情况进行评估。比如,教给学生如何制定学习计划后,教师可要求学生根据自己的实际情况制定一份学习计划,然后教师采用集中讲评的方式,指出学生制定计划时常出现的问题,比如计划过于详细或时间安排过于紧凑等。同时要对学习策略塔训方法进行改进。

(二)对学习策略的指导

英语教师应根据学生在英语学习中表现出来的不同特点,时刻注意对学生进行英语学习策略的指导。教师首先应告诉学生掌握学习策略的重要性和进行英语学习的总理念和总策略。从现代外语教学理念出发,以及综合众多中国成功英语学习者的经验,外语学习是"乐学""巧学"和"苦学"的结合。传统的外语学习突出一个"苦"字,主张外语学习要靠下功夫。这没有错,"功夫"二字对外语学习来说非常重要。要学好外语,必须要"下苦功夫"。以这种理念看来,外语学习的"速成论"是不可取的。但从另一方面看,现代外语教学的环境与以往比起来有了很大的变化。先进的教学方法、现代化的教学手段,已经使得外语学习苦中有乐,学中生巧。

无论从学习的心理规律上看,还是从学习的实践上看,"乐学"和"巧学"应当是外语学习的根本方面。兴趣是最好的老师。要提高外语学习的效率,学生应始终保持学习的兴趣,也就是"乐学"。这已成为外语教师们的共识。一个没有兴趣的外语学习者是不可能学好外语的。据此,如何培养并保持学生的兴趣是外语教学的永恒话题。有许多方法可以激发和保持学生英语学习的兴趣。这要看我们如何去利用、去创造。当今国内外诸多外语教学法都强调了兴趣的重要性,如和谐教学、快乐教学等。

在对学习策略进行指导时,调控策略、认知策略、交际策略和资源策略都要足够重视。

对调控策略的指导包括许多方面。如“制定学习计划”,教师应告诉学生,制定计划包括制定自学计划和课程学习计划。自学计划用于指导业余学习,课程学习计划用于课程学习。以课程计划为例,课程学习计划要体现较高的自我意识,如能积极思考教师布置某项家庭作业的目的,主动安排时间,认真选择方法等,不要只是被动地完成作业。又如,要告诉学生进行自我评价。自我评价可包括三个方面:一,测评学习的进步,有日常测评和定期测评两种。日常测评没有固定的时间,可根据情况随时进行。定期测评常常是在模块学习后对自己的学习进行全面评价。要发现自己的问题和原因,考虑补救措施。二,检验策略的成效,就是对所用的策略进行反思,看是否有利于自己的学习。如果发现某个策略成效不高,就要探究其中的原因,如因为使用该策略的时间还不够长,或者因为操作方法有问题,或者因为策略选择不当。要根据自己的认知特点或环境因素重新选择其他策略。三,监控学习行为。主要指学生要有意识地发现自己的错误并进行纠正。学习中犯错误是难免的,但应尽量争取不犯或少犯错误。学生在听、说、读、写时都应尽量注意用学过的语言规则进行监控,并采取适当的措施纠正错误。

对认知策略的指导,其范围是很大的。以阅读策略为例,主要有:

(1)扩大视距。阅读时靠眼睛摄取文字符号,再由大脑进行解码和编码,将文字符号转换成信息。因此,眼睛摄取信息的效率如何直接影响到阅读的效率。为了在阅读时提高摄取信息的效率,就要尽量扩大视距。视距是指阅读时眼睛在单位时间内覆盖文字的最大限量。视距大,阅读速度肯定快,阅读效率也就高。一个人在阅读的开始阶段,视距很小,但随着阅读量的增加,词汇量和各种识的不断扩大以及良好阅读习惯的形成,视距会越来越大。明白了视距的道理,我们在阅读时就应主动扩大自己的视距。

(2)克服声读。从是否出声的角度看,阅读一般可分为朗读和默读。朗读可以说就是声读,而默读是否就可以说是不出声的阅读呢?严格说来不是这样,因为许多人在默读时发音器官仍处于紧张状态,这可以用这些人在默读时嘴唇在动证明,也可以用仪器测量出来。因此,这样的默读仅是“一种表面不出声的阅读”。实践和研究都证明,无论是声读还是默读,都会延长文字符号转换为信息的编码过程,因而阅读的速度必然受到限制。这里我们提出“视读”的概念。视读是仅用眼睛而发音器官不动的真正意义上的无声的阅读。视读可以大大缩短文字转换为信息的时间。无论是平时阅读还是做阅读理解题，我们都要克服声读，运用视读。

(3)克服逐字读。逐字阅读指的是用手指着读。这样的阅读，人为地限制了视线的移动速度，因而影响阅读效率。正常的阅读理解是以意群为单位的，同时通过过渡词等手段的连接而保持思维的连贯。阅读保持适当的速度有利于对大脑中闪现的印象进行组合。阅读速度过慢，会造成前读后忘，反而会给理解造成困难。实际上，文章中所传达的信息不会是同等重要的。跳过某些词甚至句子并不影响主要信息的获取。这里重要的一点是迅速抓住要旨词。如“My dear friend Ms.Wang has a big black dog.”这句话中，抓住了“Wang has a dog”，就抓住了主要信息。

对交际策略的指导，主要让学生知道，英语学习的最终目的是让学习者具有运用英语进行交际的能力。为了有效和得体地进行交际，就要学会运用一系列的交际策略，例如善于创造机会使用外语，借助手势、表情及语调的变化等手段提高交际效果，在交际中注意遵守交际习俗，交际遇到困难时设法继续交际，积极与同学合作等都属于广义上的交际策略。

在资源策略的指导方面，教师要告诉学生：充分利用资源策略是现代外语教育思想的重要组成部分。外语学习只靠一本书的时代已经过去了。当今的英语教学资源非常丰富，图书、报纸、杂志、网络、音像材料、教学软件、课件等都是。

要教会学生使用词典和其他工具书。词典能提供多方面的信息，其中包括词义、发音、词类、词的搭配、例句、文体(正式文体或非正式文体)、褒义词、贬义词、同义词、反义词等。充分利用词典提供的信息，就会较全面地掌握词的用法。在外语学习的初级阶段，可以较多地使用英汉词典。但到了中、高级阶段，如果仅使用英汉词典，就会妨碍自己的进步。因为英汉两种语言并不是机械的一一对应关系。有时，只读字典中中文的解释，不能准确地理解原文。另外，多用英-英词典、英汉双解词典会使我们养成用英语思维的习惯。在中学阶段，每个学生应在教师的指导下，购买适用于自己使用的一本英汉词典和一本英汉双解词典。字典在外语学习中有很重要的作用。但是，也不是一遇到生词难句就非查字典不行。我们还要利用一些其他的方法。如在阅读的时候，我们可以运用猜测词义、跳过生词、利用构词法知识和逻辑推理等。另外，一个中学生除了要有词典外，还应有一本简明、实用的英语语法书，以便随时查阅。

第六节 新课程高中英语文化知识的培养

一、文化的定义

综合国内外关于文化的论述,可把文化定义为:"历史上创造的所有的生活方式,包括显型的和隐型的,包括合理的和不合理的以及谈不上是合理的和不合理的一切,它们在某一时期作为人们行为的潜在指南而存在。"新课标指出,"文化知识涵盖物质和精神两个方面。物质方面主要包括饮食、服饰、建筑、交通等,以及相关的发明与创造;精神方面主要包括哲学、科学、教育、历史、文学、艺术,也包括价值观念、道德修养、审美情趣、社会规约和风俗习惯等。"

二、语言和文化的关系

语言和文化的关系可以从三方面来认识:①语言是文化不可分割的一部分。语言不能离开文化而存在。②语言是文化的载体。任何语言都反映着相关社会的文化,文化赋予语言丰富的内容。③语言和文化相互作用。作为文化的传播工具,语言对文化的传播具有举足轻重的作用;反过来,文化的传播又促进语言的发展,如语言中大量新词语和表达法的出现就是不同文化相互传播的结果。

三、培养文化意识的必要性

在英语教学中,接触和了解英语国家的文化,有利于对英语的理解,有利于加深对我国文化的理解和认识,有利于培养学生的世界意识,同时也有利于培养他们的跨文化交际的能力。

四、文化意识培养的内容

概括地说,英语教师在教学中应注意帮助学生理解文化内涵,增强文化意识,了解跨文化知识,提高跨文化交际能力,在了解外国文化的同时加深对本国文化的理解,不断提高综合文化素养。

培养学生文化意识,就要让他们了解必要的文化知识。语言教学中的文化知识有知识文化(cultural knowledge information)和交际文化(cultural communication information)两种。知识文化是指文化背景不同的人进行交际时,对某词、某句的理解和使用不产生直接影响的文化背景知识。这类文化知识多属于人类文化学中的"正式文化",如一个民族的政治经济、教育、宗教法律、哲学、思想意识、道德观念、科学技术发明、历史文明、文学艺术等。所谓交际文化，是指不同文化背景熏陶下的人们在交际时，容易使交际造成失误的某词、某句的文化背景知识。这种直接影响交际的文化知识多属于人类文化学中的"普通文化"，如一个民族的日常言语行为，包括问候、致谢、道歉、称呼、称谓等语言习惯和带有鲜明民族文化特色的委婉语、谦逊语、客套语、禁忌语等。需要指出，交际文化在语言教学中比知识文化更为重要，学生不懂某种知识文化固然不好，但不会造成误解，但如果学生不懂某种交际文化，交际时就会出现引起对方不快却不自知的情况。

另外，文化意识并不仅仅意味着了解英语国家的文化，同时，还意味着在英语学习中要进一步认同中华文化。如果对中华传统的和现代的文化了解甚少，在跨文化交际中同样会遇到困难，也不能很好地进行中外文化对比。中华文化博大精深，英语教师应注意增强学生的中华文化认同感。

五、高中英语课程培养文化意识的目标

新课标对文化知识的定义是"对中外文化的理解和对优秀文化的认同，是学生在全球化背景下表现出的跨文化认知、态度和行为取向。文化知识体现英语学科核心素养的价值取向。文化知识的培育有助于学生增强国家认同和家国情怀，坚定文化自信，树立人类命运共同体意识，学会做人做事，成长为有文明素养和社会责任感的人。"

文化知识目标是指获得文化知识，理解文化内涵，比较文化异同，汲取文化精华，形成正确的价值观，坚定文化自信，形成自尊、自信、自强的良好品格，具备一定的跨文化沟通和传播中华文化的能力。

六、如何培养高中学生的文化意识

培养学生的文化意识，要从多方面采取有效的措施：

(1)充分利用课文注释或背景材料。中小学英语教材的学生用书和教师用书中，编者常针对教材中涉及的具有文化特征、容易引起学生理解困难或偏差的内容加以注释。教师要告诉学生充分注意这些注释，在预习课文时或在理解遇到障碍时要特别注意阅读有关部分。如 christmas 上词在初高中英语教材中出现的频率比较高，但只让学生知道"圣诞节"是远远不够的。应向学生做进一步的文化背景知识介绍。

(2)文化知识专题介绍。文化知识介绍可分为随时介绍和系统介绍两种。随时介绍就是根据需要在教学过程中随时进行。系统介绍就是专门开设英语文化课程或举办系列专题讲座介绍有关文化知识。在高中阶段可开设有关的语言文化选修课，如"英美文化简介"；可举办如"英美婚姻习俗"等专题讲座。英语课堂上文化知识介绍要结合教学内容随时进行。

介绍文化知识常用的方法是对比。跨文化对比是培养学生文化意识的重要手段。各民

族由于地域、生态环境、政治制度、历史背景、风俗习惯、价值观念、行为模式等的不同,其文化特征也大不相同。有些中国学生在英语学习中常常不自觉地以本国文化为出发点去理解问题和判断是非,这是不可取的。我们要吸收世界各国文化的精华。跨文化对比的目的是通过对比,了解中外文化的异同,获得跨文化交际的敏感性,以便更加恰当、得体地进行交际。另外,通过对比,能加深对中外文化差异的理解,也会更加深刻地理解中国文化和外国文化的本质特征。还有,在对比时,通过培养学生对待各种世界文化的正确态度,会进一步调动学生学习外语和学习外国文化的积极性。

中小学阶段中外文化对比主要侧重以下方面:①体态语对比:对比中国人与英语国家人喜怒哀乐时的手势与表情、互相交谈时的体距差异以及体态语的异同等;②中外称谓语、问候语和告别语的差异;③中国人和英美人对称赞的不同反应;④中外家庭成员之间称呼习俗的差别;⑤英美人在行为举止、待人接物等方面与中国人的异同;⑥英语、汉语表示相同概念的词语的不同文化内涵;⑦英语国家与中国生活方式的异同;⑧中国人与英美人的思维差异与观念差异。

(3)校园文化建设。通过校园文化建设可以营造浓郁的文化氛围,使学生潜移默化地了解英语国家的有关文化。在校园硬件建设方面,除配套语音室、电脑房、英语活动室以及多媒体教室外,还应开通校园网,为学生提供更加广阔的英语文化空间。另外,学校可对校园环境进行布置,如在教学楼和其他建筑物上贴上图文并茂的英语格言等。在校园软件建设方面,可以建立"双语教学日""英语角"或"十分钟英语"等制度,开办英语宣传廊,组织丰富多彩的英语文化活动如英语演讲、英语竞赛、英语演出、英语沙龙、英语墙报展、中外饮食节等。校园文化建设的优点是合作性强、信息量大、影响面广,而且一旦形成就会产生长期效应。

(4)亲身体验。亲身体验是指创造可供学生"品味、观察、接触"的物质或人文条件,让学生通过感官和心灵接触外国文化信息,体验外国文化并感悟其文化内涵。品味和观察的方式有很多,如可让学生观看外国录像、电影或其他视听材料。在课堂上,教师可根据所学课文内容选择一些相关文化的电影、录像,如商店售货员和顾客的对话、打电话时的用语、大街上顾客相遇时的随便谈话等,用电教手段向学生展示。学生可以通过这些材料中的人物、环境了解英语国家人们的真实生活情况。如为让学生熟悉英语国家问路与指路的方式及习惯用语,教师可放有关录像片段,通过看形象的画面,观察日常生活中美国人"问路"和"指路"的一招一式,学生可真正感受到英语语言运用和西方文化习俗。

"接触"主要指让学生亲身参与中外文化交流等。有条件的学校应鼓励学生与外国人交谈,不能直接接触外国人时,可让学生与外国网友交流。当然要注意必要的引导。

第七节　新课程高中英语模块和单元的整体教学

一、关于模块教学

新课标明确指出，我国普通高中教育是在义务教基础上进一步提高国民素质、面向大众的基础教育，任务是促进学生全面而有个性的发展，为学生适应社会生活、高等教育和职业发展作准备，为学生的终身发展奠定基础。普通高中的培养目标是进一步提升学生综合素质，着力发展核心素养，使学生具有理想信念和社会责任感，具有科学文化素养和终身学习能力，具有自主发展能力和沟通合作能力。英语教学现状面对教育改革和新标的实施，教师应对社会形势的发展变化做出相应的角色转换，教师首先要更新理念，努力创建新课标下的新型师生关系，以适应新时代英语教育的要求。但是由于升学考试的压力，教师仍然没有走出应试教育的圈子，教师“满堂灌”，学生“满堂学”。凡是学生看得懂的，没有让学生去看；凡是学生讲得出的，没有让学生去讲；凡是学生想得出的，没有让学生去想；凡是学生写得出的，没有让学生去写；凡是学生做得出的，没有让学生去做。教师包办代替，学生的听力、口语能力没有很好地开发和培养；学生的应用语言的能力和交际能力没有拓展。有的老师即使向这方面努力了，迫于升学应试的压力，也往往放不开手脚，不敢冲破清规戒律、突破思维定势的困扰。这种现状其结果既不能发挥教师的创造性，也窒息了学生的创造性，学生的主体地位和主动性得不到充分的发挥。

外语学习的最高目标是 language faculty，就是培养学生的语言素质，这大多是通过近体实践得以实现的。让学生的英语知识在实践过程中得以积累，让教师的教学效率在学生不断的实践反思中得以提高。对高中英语教师而言，如何激发和培养学生学习兴趣，如何培养学生的良好的学习习惯，形成有效的学习策略和创造意识，发挥其潜能和学以致用，是摆在英语教学面前的一大难题。而教育学理论中的“近体原则”在中学英语新教材模块教学中的运用，为培养学生的创造意识，发挥其创造潜能和学以致用开辟了一条新路。

“近体原则”指在教学过程中，尽可能地缩小教与学之间在时间和空间的距离及心理和情感等方面的差异，在有限的时间内取得满意的教学效果。也就是说，教师应在充分了解所教学生的情况、认真分析教材、灵活运用现代教育手段的基础上，缩小教与学之间的各种差异，充分激发学生学习的积极性、主动性、创造性，从而提高教学效果。它可分为时间近体原则、空间近体原则、活动近体原则和心理近体原则。

（一）时间近体原则在高中英语模块教学中的应用

例如，新课标模块八第一单元 A land of diversity 中的 reading 是介绍美国加利福尼亚州的人口构成，教师就可以充分利用时间近体原则来设计这一教学环节。一个地方的人口构成不是蹴而就的，因此，介绍其人口构成的同时也是介绍这个地方的历史，加利福尼亚州的历史也是美国历史的一个缩影。让学生通过时间线索来掌握课文，通过清晰的时间线索让学生了解历史背景、探索形成原因，最终对美国多元文化特征有深入的理解，以达到单元学习目标。

（二）空间近体原则在高中英语模块教学的应用

例如，在教授新课标模块二第一单元 Cultural relics 时，可以利用空间近体原则来设计教学环节。教师可以通过展示一系列中国文化古迹的图片，在空间视觉上，让学生赞叹祖国的伟大和祖先的智慧的同时，爱国主义情感油然而生；再通过展示西方文化古迹图片，让学生在空间对比的过程中自我形成中西方文化的差异。引起学生兴趣后，教师再让学生对这些图片的历史背景进行资料查找，让学生在自主探究的过程中完成单元学习目标。

（三）活动近体原则在高中英语模块教学的应用

课堂活动已经不是学生学习的唯一途径，教师可以利用课后或空余时间，给学生布置一些活动任务，让学生在真实的社会实践中去体验学习的乐趣，这些任务可以是根据模块单元内容一个小范围的调查或是采访等。让学生在活动的过程中积极主动地创造性地去体验学习、感悟学习，达到学以致用的学习目标。

（四）心理近体原则在高中英语模块教学的应用

心理近体原则要求教师在模块教学设计时，要符合学生心理特征，让学生在轻松愉悦的教学环境下自主习得知识。在进行模块单元教学时，教师除在课堂教学过程中为其创造一种贴近学生心理的教学情景的同时，要善于创造真实的教学情境，这样学生就可以在轻松愉悦无压力的学习气氛中达到事半功倍的学习效果。

高中英语教学的目的绝不只是学生在教师的引导下，获取课文所传达的信息，也不仅仅是让学生掌握课文所包含的词语、词法、句型和语法等语言知识。因此，高中英语教师在日常英语教学过程中，大胆运用“近体原则”，把课堂作为学生英语实践活动的舞台，利用每一单元中的各个话题，组织学生进行讨论、议论、评价、延伸和借鉴等言语实践活动，从而发挥学生在教学中的主体作用，培养其积极的思维能力和创造能力，则是达到创新目标的一条重要途径。根据“近体原则”，教师设计的话题只要使学生能参与或感知了，就使更多的学生有兴趣参与学习,这样课堂教学效果就越好,学生学习知识和掌握能力就越高。

二、单元教学的实施建议

(一)高中英语单元教学改革的必要性

在目前的高中英语课堂教学中,很多教师习惯按照单元教学内容编排,将每个单元分成"口语热身课""阅读课""语言点运用课""语法课""听说写作课"或"单元复习课"等。这种课型模式对于训练、提高学生的听说读写能力起到了一定的作用,但是,高考对阅读、写作能力要求的变化,客观上促使我们要找到一条能提高阅读和写作能力的有效途径。因此,打破传统的单元授课模式,对阅读课和写作课进行有机整合,改变过去那种割裂的阅读和写作关系,构建"以读促写,以写带读"的新课型成为历史的选择。

俞红珍认为,目前的高中英语读写教学现状存在"读写比例失当""读写教学分离""读写教学方法落后""重阅读及写作技巧轻思维能力"等问题。而新高考以培养学生核心素养为目标,依据新课标而制定,希望"能够利用高考命题的导向功能推动新课程的课堂教学改革",培养学生的核心素养。因此,面对新高考,教师要把阅读与写作有机整合到日常教学实践中,认真研究阅读教学,基于语篇组织教学,整合读与写的教学,平衡输入与输出的关系,综合发展听说读写等综合语言能力。

Krashen 的输入假说认为,学生掌握语言必须通过"可理解性的输入"(comprehensive input)输入在一定范围内超出个人的现有水平,习得自然而然地产生。这就是说,学生"习得语言,要通过大量接触富有真实意义的目的语的输入"。这一输入理论对语言教学有着深刻的影响。在目前一些英语读写课上,学生难以有意识地从阅读中吸取写作中可用的语言素材,从而导致阅读与写作脱节,写作能力也裹足不前。一方面,部分教师对课文阅读材料的处理过于简单,过分强调语言知识的学习,缺乏对单元文本整体和段落结构的分析指导,致使学生对语言的掌握只停留在背诵单词和语法规则的肤浅层面,不能熟练运用已学的知识来表达自己的想法,没有解决学生写作中的根本问题,不善于对文章主题和篇章结构进行总体思考和合理布局,从而信息输入量不足,导致输出困难。此外,就目前的高中英语写作教学而言,部分教师没有树立正确的阅读教学观和写作教学观,阅读教学和写作教学孤立进行,导致学生写作之前缺乏相应的写作指导和必要的写作素材,从而失去写作的热情和信心。所以,将单元模块重新编排,把课文阅读和写作有机结合,构建"以读促写,以写带读"的新型阅读课模式成为当务之急。

(二)高中英语单元教学中课型的整合

可以考虑将单元教学课型改为"听说课""读写课""综合语言课"和"复习课"为主的四

种课型。其中,每节课要根据自己班级学生的可接受水平,相应地调整为1-2节或更多节的自然课完成,但其内在的听说结合、读写结合、语言运用等核心思想不可割裂。“听说课”强调先听后说、说后再听、边听边说,以及听说,结合进行。“综合语言课”强调语法在句子、短文中的英汉口译、笔译的综合语言运用。而“读写课”的目的是构建“以读促写,以写带读”的新课型。在这种课堂模式中,首先要做好“读”,即教师必须帮助学生在阅读中培养思维,特别是批判性思维,在深度解读文本的基础上,才能有效促进“写”的过程。在写作过程中,教师介入和学生修订具有重要作用。此外,阅读课的语言教学要充分重视语篇的作用,重视语境的创设,重视语用这一要素例但是,“以读促写”中的“写作”不要误解为一定是在阅读完课文后就进行自由写作,应该根据学生能力、水平的实际情况,循序渐进地进行读后仿写、概要写作、主题写作和读后续写,最后才进行自由写作。

(三)高中英语单元教学中课型整合的注意事项

通过这种从阅读到写作的过程,使学生体会到“阅读后的东西”能够在“写作中运用”,另一方面,在写作的过程中,学生的思维进一步深刻,反促其要进一步阅读的欲望,这就达到了“以读促写,以写带读”的目的。当然,在单元“以读促写”的课型整合授课时,我们要注意以下几点。

1.充分解读文本,不要赶过程

只有在对阅读文本充分解读的基础上,才能让学生的阅读技能得到充分的训练,也才能迁移这种能力到后续的写作中。不能为了完成所谓的“读写”过程而走过场,甚至草率了事等。

2.充分解读学生,不要赶写作

必须根据自己班级学生的实际能力水平和可能达到的能力水平,决定是否进行下一个环节的教学。比如,如果学生对阅读文本还未掌握好,就有必要上两节甚至三节的阅读课后再进行写作,切勿为了噱头去赶写作。

3.充分解读写作,不要赶难度

学生的写作是采用仿写、概要写作、续写还是自由写作等方式,取决于自己班级学生的现有能力水平或可能达到的能力水平。不要和他人攀比,一开始就搞难度大的续写、自由写作等。

第五章 新课程背景下高中英语教学评价的实施

教学评价是英语课程的重要组成部分，其目的是促进英语学习，改善英语教学，完善课程设计，监控学业质量。科学的评价体系是实现课程目标的重要保障。英语课程的评价应反映以人为本的教育理念，着重评价学生的学科核心素养发展状况，以核心素养的内涵与水平划分为依据，涵盖教学内容的各个方面，体现学业质量的指标要求，采用科学、合理的评价方式和方法，对教学过程实施有效监控，对学习效果进行适时检测。教学评价应贯穿教学过程的始终，体现在教学实践的各个环节，既包括多途径收集信息的过程，也包括针对教学实践的各类反馈信息。

基于英语学科核心素养的教学评价应以形成性评价为主并辅以终结性评价，定量评价与定性评价相结合，注重评价主体的多元化、评价形式的多样化、评价内容的全面性和评价目标的多维化。评价结果应能全面反映学生英语学科核心素养发展的状况和达到的水平，发挥评价的激励作用和促学功能，对英语教学形成积极正面的反拨作用，促进英语课程的不断发展和完善。通过评价使学生在英语学习过程中不断体验进步与成功，认识自我，建立自信，调整学习策略，以此促进学生英语学科核心素养的全面发展。评价应能使教师获得英语教学的反馈信息，对自己的教学行为进行反思和调整，不断提高教育教学水平。评价应能使学校及时了解课程标准的执行情况，改进教学管理，促进英语课程的不断发展和完善。

第一节 教学评价的分类

一、诊断性评价

诊断性评价指在教学活动开始之前，为了使教学计划的预测更准确、实施更可行而进行的测定性评价，或是对学生的学习基础做出鉴定。学生学业的诊断性评价一般在学年、学期初或学习某一章节(单元)前实施。其目的在于了解学生基础知识或基本能力以及学习策略、情感态度等情况,为进行教学搜集必要的资料,对存在的问题及原因做出诊断,以便确定学生的学习准备情况;明确学生发展的起点水平,识别学生的发展差异,以便更好地因材施教,突出教学的针对性。

高一学生入校时,由于来自不同的初中学校,其知识、技能等方面的差异很大,这就需要教师通过诊断性测试、问卷、访谈等不同形式了解学生的基础情况。通过诊断性测试考查学生的听力、词汇、语法、阅读、写作等方面的知识和技能储备,通过口试了解学生的发音、英语思维能力。教师还应设计问卷调查表对学生语言知识的掌握情况、存在的困难以及情感、态度等进行了解,以便实施有针对性的教学。

二、形成性评价

形成性评价指在教学活动过程中,为调节和完善教学活动,引导教学过程正确而高效地运行,对学生学习效果和教师教学效果进行的评价。其主要目的不是区分优劣,而是为了发现教学中存在的问题和困难,并通过对问题和困难的分析,找出原因,制定解决措施;发现每个学生的学习潜能,促进学生的学习,并为教师提供教学反馈。形成性评价是一种双向活动,可以为家长和社区提供有益信息,帮助学生进步;可以为教师、学校提供学情的反馈信息,以便改进教学;同时有助于学生了解自己的学习状况,为有效地调控学习提供依据。

形成性评价体系不仅包括对教学对象和教学过程的评价,而且还应包括对课程、教材以至教具等各种构成因素的评价。我们在实施模块教学和单元教学时,应根据课程标准确定的教学目标,通过多种方式实施形成性评价,不断改进教学工作。

三、终结性评价

终结性评价指在某一相对完整的教学活动结束时,对整个教学效果进行评价。它是以预先设定的教学目标为基准,对学生达成目标的程度,即最终取得的成就进行评价。终结性评价主要是指模块评价、学年评价、结业评价等。它能考查学生个体或整体的发展水平,为评优、选拔提供参考依据,还可以把握学生掌握知识、技能的程度和能力发展水平,为以后的学习和教学提供依据。

评价的各种功能之间是对立统一的关系。目前,要特别重视评价的诊断、激励和促进发展的功能。

第二节 形成性评价在英语教学和评价中的作用

一、形成性评价的内容

形成性评价的内容主要有学习过程和学习成效。

学习过程包括接受材料的方式、课堂活动方式、学生行动的质与量、教师行动的方式、教学进度、教材内容和使用方式、学生合作形式、学习任务的智能水平、情感过程等。

学习成效包括语言知识、语篇知识和运用、口头谈话技能、书面表达技能、学习策略等。

二、形成性评价的方式与方法

(一)自我评价

自我评价是指在学习过程中学生依据评价标准对自己的学习和行为进行自我鉴定,是学生在学习过程中自我认识、自我分析、自我激励、自我调整、自我提高的过程。

为了让学生客观地评价自己的学习和行为,教师必须和学生一起具体制定评价标准,如讨论优秀口头表达的构成成分、优秀阅读理解的构成要素、课堂语言活动的参与表现等。这样,学生就能够知道"优秀"作品是什么样子,进而对自己的作品进行评价。

学生参与了标准的制定,其后还需要有机会应用这些标准,对实际作品(或行为)进行评价。首先他们可以以小组形式对范文(范例)进行评价,然后开始独立的自我评价,找出自己的精彩之处和问题所在,并能根据自己的实际调整学习目标。教师应针对学生的弱点和需求改进自己的教学计划,使课堂指导更为有效。

(二)互相评价

互相评价是在教学过程中,以划定的学习小组为单位,依据评价标准,同伴之间对学习条件、过程及效果所做的评价。我们可以让四五个学生评价一个学生,每一个评价者为某个学生的学习行为写出评语,重点写优点和改进建议。被评的学生应根据同学和老师的评价写一个总结,确定自己的努力方向,制定改进措施。学生互评的成功和自评成功一样,需要教师提供榜样,展示优秀的互评范例。通过评议,学生可以充分理解评价的标准,逐步增强"我也能做"的信心。同时,让他们学会信任诚实、公正地对己和对人,让学生意识到"同伴文化"的力量及友好气氛在学习过程中的重要性。互评鼓励学生合作,鼓励向他人学习。通过与同学讨论,学生可以说出他们的忧虑和困扰,听取他人的观点,从而确定自己的努力方向。

(三)教师评价

学生的自评和互评都必须与教师的评价结合起来。在对学生进行评价时,教师的作用是多层面的:要示范学习方法和评价方法,帮助学生自评,指导学生学习;当学生制定和应用评价标准时,还必须给予指导和支持,与学生一起反思学习,确定目标,组织学生收集和编辑档案材料。更重要的是教师可以与学生一起讨论学习的目的,定期评价学生的进步,抽查学生的自评和互评,仔细检查他们自定的改进目标,给学生提供反馈意见。

(四)合作评价

在教学评价中,教师和学生共同面对学生的成长。各种评价方式不仅给学生也给教师提供了教与学的信息。学生得到个人反馈,明确努力方向;教师得到个人反馈以便改进教学,提供给学生更有意义和更有针对性的指导。

家长也是教育评价的主体,因为家长既是教育活动的直接参与者,也是教育结果的重要责任者。家长对学生、教师、学校及整个教育都会经常做出自己的价值判断。随着独生子女的增多,家长十分关注子女的发展。他们不仅关心学校和教师对子女的评价,而且直接对子女做出经常性的评价。因此,在实施新课程的过程中,应大力提倡合作式形成性评价。

三、形成性评价的方式和工具

形成性评价的形式有测试型和非测试型评价之分。对测试型评价大家都比较熟悉,这里着重介绍非测试型评价的工具。

(一)观察

这里重点介绍的是课堂事件、教学活动、学生之间互相交流的观察。可以观察学生日常的阅读、写作、听和说的经历;教师和学生可以随时随地随意地观察学生在学习上的具体行动。观察可以用日常记录、评价表或评价量表的方式进行;教师应及时将记录收集起来提供给学生,以便让学生真实了解自己的实际学习行动。通过观察,教师可以了解学生学到了什么,哪些学习策略对学生有帮助,哪些教学策略最有效,哪些活动和材料为学生所喜欢等。

在观察中究竟采用哪种记录方法,取决于设定的观察目的、观察对象、时间条件的可能性,也取决于自身的习惯。

(1)日常记录:日常记录是教师根据学生日常语言、行为或学习所做的记录。记录包括对日常重要事件以及涉及学生的活动和进步的纪实和描述。

(2)评价表:评价表用来记录学生是否掌握某一具体的知识、技巧、过程,是否具有某种能力及对学习的态度。通过评价表,教师可以了解在哪些方面教师的教学取得了良好的效果,学生在哪些方面还需要帮助或进一步指导。评价表的形式应多样化、方便使用。

(3)评价量表:评价量表用于记录学生达到了某一具体标准以及学生在所给时间或所给范围内所达到的标准的程度。评价量表与评价表相似,只是量表显示了从恰当到不恰当的一种持续性,以便判断。教师可经常将评价表量化。我们一般采用三种量表:数字、图表和描述。

(二)学生学习档案

近年来,档案袋评价被广泛地应用于教学领域,并已引起广大教学工作者的兴趣。其原因是档案袋可以更全面地展示学生在学习方面的努力、进步和成就。

学生学习档案是由学生或教师在一个时期内有计划地、系统地搜集的反映学生努力、进步和成就的材料的汇集。学生档案以学生为中心,从多方面向学生、教师、家长及学校,反映每个学生在一段时间内的成长过程,以及学生学习目标的制定和评价。教师可以鼓励学生自己决定将哪些资料存入档案并解释这些资料的重要性。学生和教师可以一起为每个学生编辑档案。学生学习档案可包含的材料有:

(1)诊断性测验。

(2)学生学习行为记录:如课堂上参与朗读、朗诵、角色表演等情况。

(3)书面作业的样本通常由学生决定收入自己认为最满意的作品(书面表达、读书笔记、画作等)。

(4)平时测验:由教师评分,或在教师指导下由同学评分,或由自己评分。

(5)自我评价表:对自己学习态度、方法与效果的反思与评价意见。

(6)教师、家长对学生学习情况的观察评语。

(7)其他教师或学生认为有必要装入档案的材料。

(三)访谈或座谈

教师与学生间的访谈、座谈或讨论有利于对学生个人成就和需求做出正确和积极的评价。在讨论中,教师可以发现学生对他们自己的学习和进步的感受与态度。简短的座谈可以在课堂中随时进行。采访问题可以根据学生个人的需要和教学要求来确定。

(四)问卷调查

问卷法是评价人员通过书面方式向被调查者提出经过严格设计的问题,从而获得评价信息。它可以了解学生在语言知识和语言技能方面的信息,更能较好地了解学生的内心体验和情感态度方面的信息,是我们搜集信息的重要方法。

（五）其他

（1）多媒体：为鼓励学生积极主动地学习，我们还可利用多媒体使学生所学的东西生活化。学生可以运用所学的笔头词汇、口头词汇、所听的音乐、所看的录像带、照片、图片及图表，利用网络来互相交流。学生、教师、家长也可在网上进行评价。

（2）卡通：学生可以自己制作卡通来展示他们所学的知识。

（3）任务与演示：如任务活动、书面报告、课堂论文等。

第三节　高中英语教学中实施教学评价的原则

一、主体与主导相结合的原则

学生的发展是英语课程的出发点与归宿。因而评价要突出以学生为主体的理念，在各类评价活动中，学生都应是积极的参与者与合作者；教师是教学的组织者、指导者，不但要对学生的学习过程、活动以及学生身心发展状况及时做出评价，而且要适时地指导学生开展各种评价。

（1）对学生的学习评价要以学生的需要为依据，评价要反映他们的需要，应答他们的需要。

（2）学生是评价实施的主体之一，对学生的学习评价要以学生为主，至少要吸收学生参与。在评价前教师要与学生交流评价策略、计划和方式，让他们知道评价的目的和评价过程。在教师的引导下使学生认识自我评价对学习能力发展的意义，学会自我评价、相互评价的方法。学生的自我评价、相互评价应成为形成性评价的重要组成部分。

（3）教师要在评价中发挥主导作用。教师在教学中不仅仅是课程标准教材的提供者，还是自己教学和学生学习、计划和活动环境的创造者，这就决定了教师在教学活动中的主导地位。在评价中其主导作用具体体现在指导学生学习方法及评价方法，引导学生反思及调控学习过程。

二、过程与结果并重的原则

新课标指出：英语课程的评价应反映以人为本的教育理念，着重评价学生的学科核心素养发展状况，以核心素养的内涵与水平划分为依据，涵盖教学内容的各个方面，体现学业质量的指标要求，采用科学、合理的评价方式和方法，对教学过程实施有效监控对学习效果进行适时检测。教学评价应贯穿教学过程的始终，体现在教学实践的各个环节，既包括多途径收集信息的过程,也包括针对教学实践的各类反馈信息。

(1)注重形成性评价对学生发展的作用。形成性评价是教学的重要组成部分和推动因素。形成性评价应坚持以正面鼓励、肯定性评价为主,教师要根据评价结果与学生进行不同形式的交流,充分肯定学生的进步,鼓励学生自我反思、自我提高。

(2)终结性评价要注重考查学生综合运用语言的能力。终结性评价(如模块考试、结业考试等)是检测学生综合语言运用能力发展程度的重要途径,也是反映教学效果、学校办学质量的重要指标之一。终结性评价必须以考查学生综合语言运用能力为目标,力争科学、全面地考查学生在经过一段学习后所具有的语言水平。

测试应包括口试、听力考试和笔试等形式,全面考查学生的综合语言运用能力。

(1)听力测试在模块、学期、学年考试和结业考试中所占的比例不少于20%。听力测试应着重检测学生在具体的语境中理解和获取信息的能力。

(2)笔试应避免单纯语音知识题和单纯语法知识题,增加具有语境的应用型试题;适当减少客观题增加主观题。

(3)在进行口试时,教师要对学生口语表达、交流能力和有效性等方面进行全面评价。

(4)终结性评价不能公布学生考试成绩或按考试成绩排列名次。

三、全面性与独特性并重的原则

在教学评价中,既要重视评价标准的全面性,更要关心评价对象的独特性。所谓评价标准的全面性,是指在教学评价中,要全面考虑教学、学习活动中的各种因素,不应片面地突出某一因素。因为教学评价是系统工程,它的效果是综合多种因素而成的,如果过分地强调某一因素,就会导致系统失去平衡。具体地讲,英语教学评价就是要依据课程目标,围绕培养学生综合语言运用能力这个核心,对学生学习过程中语言知识、语言技能、学习策略、情感态度以及文化意识等方面尽可能进行全面的评价。

所谓独特性就是在评价中要考虑学生的差异,照顾学生的特殊需要。

(1)根据学生年龄特征,采取适当的评价方式。例如低年级以形成性评价为主,以学生平时参与各种教学活动的表现和合作能力为主要依据,在此基础上进行终结性评价。高年级的终结性评价在形成性评价基础上,更加注重对学生用英语获取信息和处理信息、分析问题和解决问题的能力,以及用英语思维和表达的能力的评价。考试要实行口试、笔试相结合的形式。

(2)关心学生的特殊需要,评价应具有多样性和选择性。在平时的形成性评价中,应允许学生根据自己的学习风格、自己的特长或优势选择适合自己的评价方式;对学力较弱的学生,如果学生对自己某次课堂测验成绩不满意,可以与教师协商,暂不记录成绩,学生经过更充分的准备之后,可再次参加评价。

四、科学性与可行性相结合的原则

科学性是指教学评价从制订方案、建立标准到搜集、处理和分析有关信息,做出判断,都要以科学的态度,采用先进现代的评价工具和方法来进行。比如,对学生英语学习的评价内容不仅包括语言知识、语言技能和实际交际能力,还应当包括学生在学习过程中所表现出来的情感、态度、价值观和发展潜能等。评价应包括测试性评价和非测试性评价。即使在测试性评价中也应注意考查学生实际运用语言的能力,而不应偏重考查语言知识和语言形式。测试中的听力、口试、笔试所占的比例要合理。另一方面,注意科学性,也要考虑客观实际条件,如果把评价程序、方法和标准弄得很复杂,那么评价工作开展起来不仅困难,效果也不一定好。例如在课堂教学过程中插入过多的评价环节、学习档案内容要求太多,都不会产生预期效果。总之,在制订评价方案和进行评价时,不仅要强调科学性,也应注意可行性。

五、评价与指导相结合的原则

评价与指导相结合是指按照一定的原则标准对评价对象已完成的行为做出肯定或否定的判定,同时应把评价结果上升到一定的理论高度加以认识,并根据评价对象的主、客观条件,从现实出发,指导评价对象改进教学或学习,把握今后的发展方向,使评价对象能够发扬优点,克服缺点,争取更大的进步。在英语教学中,评价的内容较广泛,原则上,评价什么内容,就应对其中存在的问题进行分析和指导,否则评价工作就会失去意义和价值。因此,我们要重视评价结果对学生学习及教师教学的反拨作用,重视评价后的指导。只有从评价到指导,从指导到评价循环往复,才能有效地促进学生的健康可持续发展。

第六章　高中英语新课程语言知识和技能教学实例

第一节　词汇和语法教学实例

一、词汇教学案例一

（一）教学内容

以人教版英语必修二的Unit1 Cultural Relics话题单元为背景，开展词汇教学。教学基点：学生已通过阅读活动完成了对课文的初步理解，并在此过程中对有关词汇进行了初步识记。

（二）教学目标

（1）巩固对下列生词的识记：cultural relics, rare, dynasty, vase, amber, gift, ton, stone, melt, design, fancy, style, jewel, king, artist, reception, mirror, furniture, secretly, wooden, doubt, mystery, trial, eyewitness, evidence, maid, castle, sailor, treasure.

（2）初步掌握下列单词和词组在本单元的用法：once, remain, doubt, consider, prove, besides, look into, belong to, in search of, in return, at war, take apart, think highly of.

（三）教学过程

Step 1: Rearrange the New Words into Meaningful Groups

Encourage the students to think of words that belong to each category and put them above the lines.

Cultural relics may include: castle, furniture, vase, mirror, etc.

be made of: amber, stone, jewel, etc.

be described by: rare, fancy, wooden, design, style, treasure, wonder, etc.

People may include: king, artist, eyewitness, maid, sailor, etc.

Other words in this unit: ________________________________

（简评：心理学研究揭示：按意义分组整理后的记忆内容比不分组的无意义联系的内容记忆效果要好。学生能否准确分类并不重要，重要的是在他们完成任务的过程中动脑思考了单词的意义，并动手写出各单词，更重要的是训练了科学思维能力和运用科学方法记忆单词的意识。若能进一步养成习惯，则受益无穷。）

Step 2: Read and write the words

Ask the students to memorize the words as soon as possible. Tell them there will be a dictation in 10 minutes.

（简评：上述单词多为消极词汇，一般无须进行专门的讲练。学生只须记住其音、形、义，以便在听和读等接受性语言活动中能够再认。如前所言，大量消极词汇的学习，要靠有意识记和无意识记相结合。此处正是利用有意识记的优势，强调多感官参与，充分调动学生的强记潜能。此活动不可持续过久，要合理安排与无意识记的间隔反复。）

Step 3: Dictation

Be sure to admire and praise the students for their ability to memorize so many words in such a short time after the dictation.

（简评：实践经验证明，经过上述程序，绝大多数学生的听写成绩会很好。适时表扬，使其树立自信，保持外语学习的心理优势。）

Step 4: Focus on Active Vocabulary

Ⅰ. Demonstration

once conj.

Step 1: Observation

Once it is heated, the amber can be made into any shape. (from the text)

Once you show any fear, he will attack you.

Once inside her apartment, she locked the door.

Once printed, the dictionary will be very popular.

Step 2: Substitution

Try using another word or phrase to replace "Once" in the above sentences.

When it is heated, the amber can be made into any shape.

As soon as you show any fear, he will attack you.

As soon as she was inside her apartment, she locked the door.

When printed, the dictionary will be very popular.

Step 3: Summary

When used as a conjunction, "once" means "from the moment when", or in Chinese "一旦"。

Step 4: Practice

Try to express the same idea using "once":

①When you have seen the film, you'll never forget it.

________you have seen the film, you'll never forget it.

________ ________, the film can never be forgotten.

②When you are inside the lab, you must keep quiet.

________ you are inside the lab, you must keep quiet.

________inside the lab, you must keep quiet.

(简评:取 OHE(Observation-hypothesis-experiment)模式之长,避其所短,既给学生独立探究的空间,又给予适当帮扶,使能力的培养和知识的学习都能落实到位。)

Ⅱ. Self-teaching Activities

Ask the students to study the other active words and phrases, taking the following steps:

Step 1: Collect sample sentences from the textbook and dictionaries.

Step 2: Study the sample sentences and find out how the words or phrases are used.

Step 3: Practise reading and writing the sample sentences.

Step 4: Try and make sentences following the examples.

Step 5: Think of real situations to use the words or phrases.

Teacher assists whenever and wherever needed.

(简评:本模式与 Demonstration 中的模式的区别仅仅在于变 Step 1 和 Step 5 的教师代劳为学生自己动手、动脑。尽管积极词汇只占学生应学词汇的一小部分,但由于其用法极其灵活多样,欲将所有积极词汇放在课堂上集体讲练仍十分困难,因而许多积极词汇的学习和掌握仍要靠学生自主完成。教师的作用就在于让学生学会学习。)

Ⅲ. Checking up

Fill in the blanks with proper words.

Once singers become famous, they have to work even harder to remain stars. While the fans think highly of them, they doubt whether they can prove themselves that good. They keep wondering what they can give the fans in return for their love and money. Their fame takes them apart from their families. In other words, they belong to the fans rather than to their families. Besides, there is hardly any privacy for them: their private life is constantly looked into by the media. Wherever they hide, the fans are always in search of them. As a result, their minds are often at war: should they keep what they have achieved or should they give it all up?

二、词汇教学案例二

(一)教学内容

Useful phrases in My First Day at Senior High(选自外语教学与研究出版社教材必修一 Module1)

教学基点:教材上的课文及练习均已处理,本节课主要处理教材未做专门处理的重要词组。

(二)教学目标

初步掌握下列词组的基本用法:consist of, as well, come up with, concentrate on, compare with, in that case.

(三)教学过程

Step 1: Lead-in

Hi, everybody! Today we are going to concentrate on some useful phrases we have met in this module. In other words, we'll focus our attention on them. Let's do it this way: first, you find the sentences in this module which contain the phrases. Study the sentences carefully to get an idea of how the phrases are used. Then try to make sentences of your own. I believe you'll come up with a lot of interesting sentences. Compare your sentences with your desk mates. You might not feel quite sure about whether some of your sentences are correct or not. In that case, refer to your dictionaries. Of course you can ask me for help as well. Oh, dear. I've mentioned almost all the phrases we are going to concentrate on today!

(简评:本导入单刀直入,自然简洁,既交代了本节课的任务及完成任务的方法步骤,又巧妙地带出了几乎全部教学内容。更可贵的是,设计者还有意使用了前面学过的词组如 Module 1 中出现的 in other words, focus on 和 refer to,足以体现其着眼全册、前后照应、宏观设计、微观落实的严谨思路。)

Step 2: Students collect sample sentences from the textbook and their dictionaries

It consists of millions of pages of data.

It then became possible for universities to use them as well.

He came up with the idea of the World Wide Web in 1989 while he was working in Switzerland.

Concentrate on the good things about the Internet.

Compared with standard English, emoticons seem to be a foreign language.

—I've made up my mind.

—In that case, there's no point discussing it.

Step 3: Practice

Use the phrases to paraphrase the following sentences:

There are ten members on the committee. (The committee consists of ten members.)

They live mainly on vegetables. (Their diet consists largely of vegetables.)

Are the Smiths coming, too? (Are the Smiths coming as well?)

She is not only a photographer but also a talented musician. (She is a talented musician as well as a photographer.)

I hope scientists will find a cure for SARS as soon as possible. (I hope scientists will come up with a cure for SARS as soon as they can.)

How soon can you get the money? (How soon can you come up with the money?)

If you stay up too late you'll find it difficult to focus your attention on the lessons the next day. (Staying up too late will make it difficult for you to concentrate on the lessons the next day.)

We carefully examined the first report and the second one, trying to see how they were similar and how they were different. (We carefully compared the first report with the second.)

Now that I've realized other people have more serious problems, my own seem unimportant. (My own problems seem unimportant compared with other people's.)

You don't like this place? Then why don t you leave?

(You don't like this place? In that case why don't you leave?)

(简评:此类练习与汉译英、完成句子、替换练习等相比,层次较高。通过此类练习,学生在加深对有关知识的意义和用法的理解的同时,掌握运用不同语言形式表达同一意义的策略。)

Step 4: Production

Ask the students to think of situations and use the phrases. Help them by offering the following:

Use "consist of" to talk about your school football team, your diet, the air (oxygen + nitrogen).

Step: 5 Reading for pleasure

That Last Cigarette

When you feel quite ready, smoke that last cigarette, Do it alone and do not smoke it subconsciously. Concentrate on every puff, concentrate on the taste and smell, concentrate on the cancerous fumes going into your lungs, concentrate on the poisons flowing through your blood vessels, concentrate on the nicotine going into your body and, when you put it out, just think how marvelous it will be not to have to go on doing it. The joy of being freed from this slavery. It's like coming out of a world of black shadows into a world of sunshine.

[Adapted from The Easy Way to Stop Smoking by Allen Carr(Penguin 1985)]

(简评:富含所学语言知识的真实语料,幽默风趣,使学生感受到用中学、学中用的快乐。)

Step 6:Summing up

Fill in the blanks with proper phrases:

This class we concentrated on some useful phrases in this module. In other words, we focused our attention on them. First, we were asked to find the sentences in this module which contain the phrases. We studied the sentences carefully to get an idea of how the phrases were used. Then we tried to make sentences of our own. We came up with a lot of interesting sentences. We compared our sentences with our desk mates'. Sometimes we could not agree on whether some of our sentences were correct or not. In that case, we referred to our dictionaries. Of course we could ask the teacher for help as well. In the end we were given something fun to read. It consists of some interesting ideas about how to stop smoking. All of us were amused. This class we did concentrate on our lesson!

(简评:将导入语略加改编,使其覆盖本节课全部教学内容,以书面形式呈现,让学生在语篇中进一步落实所学知识。实际上,这可以看作一篇很好的日记。这便给学生以有益的启示:坚持写英语日记,将自己每日所见、所闻、所学记录下来,是巩固学习成果、提高运用能力的极佳方式。)

三、词汇教学案例综合评述

两个案例较好地体现了高中新课标的理念,突出表现在以下几个方面:

(1)两个案例从整体到各个环节的设计都以学生的实际需求和认知规律为出发点和参照物,以学生做什么、如何做为主线,通过一系列的学生活动逐步实现教学目标,学生真正成为学习的主人。两个案例中,教师自始至终是学生活动的组织者、促进者和帮助者,一改以教师传授知识、学生被动接受为主要特征的传统教学模式。

(2)两个案例都给学生提供了充分的观察、探究、质疑、解难的空间。如案例一的 Step 5 和案例二的 Step 2~3,不是先由教师将语言规则告诉学生,而是让学生自己通过观察例句、分析思考、发现规则,这就变被动接受为主动学习,对培养学生的自学能力,对其终身发展意义重大。

(3)两个案例都较好地实现了语言知识教学与综合语言运用能力培养的有机结合。从学生寻找例句、观察例句、发现规则,到模仿例句造句、运用所学知识表达指定意义,到创设真实情景活用,到最后将语言知识融入连贯语篇,真正做到了词不离句、句不离文,避免了孤立地讲练语言知识的弊病。

(4)两个案例设计新颖而实用,有创意而无花架子。每一教学过程都与教学目标密切相关。

由于语言知识教学的具体性、多样性、日常性和长期性等特点,两个案例不可能也不应该是语言知识教学的固定“样板”。仅就案例一的 Step 1~4 而言,当学生掌握了消极词汇的学习策略、养成自学习惯后,该类词汇便主要通学生的个性化学习去掌握,那时该课堂教学步骤便可略去。

四、语法教学案例一

(一)教学内容

Adjectives with-ing or-ed endings in My First Day at Senior High
(选自外语教学与研究出版社教材)

(二)教学目标

Understanding the differences between adjectives ended with-ing and those ended with-ed and learning to use them correctly.

(三)教学过程

Step 1:Ask the students to observe the following sentences

The scenery was so amazing! I was completely amazed.

The lecture was so boring that every one of us felt bored.

It was an embarrassing moment:no one knew what to say and we all felt so embarrassed.

The news was disappointing: our football team lost the game again. I wonder where they will stop making us disappointed.

The book must be very interesting,for the little girl looks so interested in it.

(简评:提供丰富样本,便于学生归纳规则。)

Step 2:Ask the students to paraphrase the sentences after the model

The scenery was so amazing! I was completely amazed.

The scenery amazed me.

（简评：主要目的是明确意义，弄清规则。）

Step 3：Practice

Paraphrase the following sentences using adjectives with-ing or-ed endings.

Example：

The news shocked us.→

The news was so shocking that we were all shocked.

It was such shocking news that we were all shocked.

The football game excited everybody.→

The football game was so exciting that everybody was excited.

It was such an exciting football game that everybody was excited.

The exam result disappointed me.→

The exam result was so disappointing that I was rather disappointed.

It was such a disappointing exam result that I was rather disappointed.

（简评：本练习形式虽属控制性练习，但由于两种语言形式差异较大，却要表达同一意义，这就引导学生既关注语言形式，又关注语言意义，因而比单纯机械性操练效果好。）

Step 4：Production

Talk about your personal experiences：

A situation which embarrassed you.

A movie that moved you to tears.

Step 5：Consolidation

Write down the personal experiences you have just talked about.

五、案例综合评述

本案例中的语法教学模式符合新课标的精神，易于操作，实用性较强。先给学生提供丰富的例句，让学生通过观察和思考发现规则，然后通过对例句意义不同方式的表达进一步验证学生对规则的归纳是否准确，接着，反过来让学生根据该规则运用新的语言结构表达意义，而后将新的语言结构运用于真实交际，最后以书面交际的形式达到笔头落实。整个教学过程按照学生的认知规律，由感性到理性，由机械操练到真实交际，由口头至书面，环环相扣，步步落实。

六、语法教学案例二

(一)教学内容

Revision of the Attributive Clause(选自人民教育出版社教材)

(二)教学目标

To enable the students to use the Attributive Clause to restrict, define and describe.

(三)教学过程

Step 1: Pair work

Ask the students to talk about their likes and dislikes, using the structures given:

I like people who…

I like people whose…

I like films which…

I like places where …

I like days when…

I like books in which…

I dislike people who…

…

Tell them that the listener should take down what the speaker likes or dislikes.

(简评:结构是限定的,目的是落实教学目标;内容是开放的,意在追求交际的真实性。)

Step 2: Pair work

Organize the students into new pairs. Then the students tell each other what they were talking about.

Example: I like people who are quiet, but Li Fang likes people who talk a lot.

Or: Both Li Fang and I like people who are quiet.

(简评:新的交际对象和新的交际目的要求学生根据实际灵活变通语言形式。这是对上一活动的拓展和深化。)

Step 3: Defining

Choose the nouns the students have learned in the textbook and let them define the nouns following the examples:

A traffic policeman is someone who directs traffic.

A post office is a place where you can buy stamps.

eyewitness, mystery, maid, sailor, mirror,

artist, vase, criminal, prisoner, blanket,

prison, judge, shelter, disaster, dam, canal

(简评:将语法的复习与词汇的巩固巧妙结合,提高教学的综合效益。)

Step 4: Check-up

Give the teacher's definitions. Then let the students match them with the words .Then revise their own definition.

A place where people are kept for a crime they have committed;

A person who commits a crime;

A person who has seen a crime, an accident, etc. and can describe it afterwards;

An unexpected event such as a very bad accident, a flood or a fire that kills a lot of people or causes a lot of damage;

…

(简评:这既是一个新的活动,又是上一活动的后续和完善。无须专门纠错却能起到纠错的作用。)

Step 5: Creative writing

Ask the students to finish the following story, using a relative clause in each blank.

Once upon a time, there was a girl called Goldilocks, ________ She lived in a house, __________, with her mother, ________ …

Possible versions from the students:

Once upon a time, there was a girl called Goldilocks, who was very pretty and had long golden hair (whose hair was long and black/whom everyone admired for her beauty/...). She lived in a house, which was big and beautiful like a palace (which stood by a lake/in front of which there was a pretty garden/…), with her mother, who was a kind-hearted woman (who loved her daughter more than anything else/who was very good at weaving cloth/…)…

(简评:根据语境,发挥合理想象,运用所学语言,叙述故事情节。体现了语言形式和意义、学习和运用、知识和能力的统筹兼顾。)

七、案例综合评述

本案例的教学目的是复习和归纳学生在三个单元中所学过的语法项目:定语从句,但整个教学过程中没有教师对该语法项目的繁琐的归纳讲解,而是通过一个个围绕该内容精心设计的学生活动,让学生无意中完成对该语法内容的归纳。更可贵的是,本案例没有仅仅盯住对定语从句的结构、关系代词和关系副词的用法的归纳，而是引导学生特别关注定语从句的语用功能——定义限定和补充说明，使他们切实认识到掌握了定语从句的用法，就等于又掌握了一件表达思想的工具。只有像新课标那样，把语法教学目标定位于学生能够用该语法知识做什么，才能避免孤立地、单纯地讲练语法，语法教学才真正具有意义。

第二节　听力技能教学实例

一、案例一

（一）教学内容（听力录音原文选自人民教育出版社教材）

Part 1

I shall never forget the day when the earthquake took place. The time was 5：15 in the afternoon and I was driving along the road to fetch my daughter from school. Our plan was to go swimming together. I had finished work at about 4 o'clock and then gone to the Post Office. Then I'd stopped off at a shop in order to get some fresh fruit. We like to have some fruit to eat after our swim.

I was driving along a high road on my way to the school. Over my road was another road for cars coming to the other way. I was hungry so I put the bag of apples on the seat beside me and started to eat one.

Suddenly I saw the cars in front of me start to move from side to side. I slowed down. Then my car started to shake. I didn't know what was happening. Perhaps some thing had gone wrong with my car. I drove even slower. Then the road above started to fall down. I stopped the car and at the same moment the road fell onto the cars in front of me.

Part 2

I found myself in the dark. I couldn't move. The bottom parts of both my legs and my feet were hurting badly and I couldn't move them. All around me was quiet. But below me I could hear shouts and a lot of noise. Then I remembered what had happened. I had been in an earthquake.

For about two hours nobody came. Luckily I could reach the bag of apples, so at least I had plenty to eat. Then I heard people climbing towards me. A team of people had come to see if anyone was under the broken road. I called out "I'm here!" I heard a shout. Soon a stranger climbed to the side of the bridge near my car. "How are you doing?" he asked.

"Not too bad," I said, "but my feet and legs feel as if they're broken."

"We'll have you out of there just as soon as we can." he said. They didn't get me out until the next morning. I had been in my car for fourteen hours.

(二)教学目标

1.听力技能目标

(1)能听懂与话题有关的术语及相关的课堂用语。

(2)能听懂故事情节,理解主旨、要义,并能获取具体的、事实性的信息。

2.学习策略目标

(1)通过积极参与课堂活动,提高听力能力,促进其他技能的发展。

(2)注重引导学生在讨论过程中培养合作精神。

(三)教学过程

Step 1: Warming up

T: Everybody had various experiences. Some of them were exciting, and some were terrible. I once had a terrible experience. When that terrible thing happened, I was just there. Now, please watch the video and listen carefully. Then try to answer:

What happened?

When did it happen?

Where did it happen?

(录像文稿:At 3:42 on the morning of July 28h, 1976, the city of Tangshan was shaken by a terrible earthquake. A great part of the city was destroyed and nearly all the buildings burnt down. The number of people who were killed reached as many as 240 000.)

(简评:运用音画配合、视听结合这种听力技能训练模式直接导入本节听力主题 Earthquakes,既开门见山,明确听力目的,又可帮助学生熟悉话题,培养他们获取具体信息的能力。)

Step 2: Listening (Part 1)

T: Earthquakes are really one of the terrible disasters. Unfortunately, earthquakes occur frequently in different parts of the world. In 1989, an earthquake happened in San Francisco. At that time, Hank lived there with his wife and daughter. Let's listen to the tape for the first time to get a general idea about the passage. And then try to answer the following three questions:

1.When did the earthquake happen?

2.Where was the man driving when it happened?

3.Was he hurt?

(Listening to the tape)

(简评:通过泛听来培养学生获取文章主旨大意的听力技能。)

Step 3:Listening again

T:Yes, the man was on his way to his daughters school. Then what do you think he was going to do there? And what was the first thing he saw? What had he done before the earthquake?

Listen to this part again, and try to find out the answers to the three questions. While listening,don't forget to take notes.

(简评:恰当的细节问题的设置,可以促使学生在听力全过程中保持精力高度集中。"听—动"训练活动设计,主要是培养学生边听边做笔记的技能和对连读、关键词等重点、难点的把握能力。)

Step 4:Listening(Part 2)

T:From the material, we know Hank was caught in the earthquake. What do you think would happen to him? Lets listen to the next part carefully and try to find out what really happened to him. Before listening, read the following sentences as quickly as you can. After listening, please discuss in groups of four and decide if these statements are true or false.

(　　)1.He could not move.

(　　)2.He was not hurt.

(　　)3.He could not hear any noise anywhere.

(　　)4.He had nothing to eat.

(　　)5.A stranger found him and spoke to him.

(　　)6.They got him out of his car the next morning.

(　　)7.He had been caught in his car for forty hours.

(简评:这一环节运用听说训练,一方面培养了学生听前预测的技能,一方面又将听力技能和口语技能有机地结合起来,培养学生综合运用语言的能力。)

T:We have got a general idea about the passage. Now,listen to the tape once again. Fill in the blanks.

1.I________ myself in the dark.

2.Then I remember what________.

3.It was clear to me now that I________in an earthquake.

4.Then I________people________ towards me.

5.A team of people________to see if anyone________under the broken road.

(简评:运用"听—写"训练模式,培养学生在听时捕捉关键词和短时记忆的能力,同时也检测了学生的产出技能,即写的能力,特别是拼写能力。此外还以根据具体目的决定抽词的方式,以便控制难度。)

Step 5

T:He was caught in the car for twelve hours. Luckily, he survived the big earthquake. If there were an earthquake now, who do you think we should do to survive? Please discuss in groups of four. You man use:

First…, next…, then…, finally…

(Then ask one or two students to speak in class.)

T:Now, let's watch a video and see what Professor Smith tells us to do in an earthquake.

(简评:"听—说"和"视—听"训练较好地体现了多媒体在听力教学中所起的独特作用。恰当地运用多媒体,既可以创造出身临其境的氛围,帮助学生获得直观感受,有效地激发学习兴趣,又可使学生在轻松愉悦的环境中受到安全知识教育。)

Step 6

T:When a disaster happens, some people may become nervous while others may feel excited. Different people act differently. Just as we discussed just now, no matter what kind of disaster happens, the most important thing for us to do is to keep calm. If possible, we should try our best to help others. Do you think so?

(简评:在教学过程中自然渗透情感教育,贴近生活实际,使学生进入教育情境,进入角色,从而使本课主题在教与学过程中得到升华。)

Step 7:Homework

Write a passage about an experience you have had in life.

(简评:通过课堂上一系列的讨论,学生对于本课话题有了一种直观的认识。此项作业的设置,使得学生能够把在课堂上所获得的听力技能和写作技能有机地结合起来。学生对听力的兴趣,更多的是在平时培养出来的。通过适当的作业设置,有助于学生在语言环境中熟练使用语言,从而达到在运用中掌握语言的目的。)

二、案例二

(一)教学内容(听力材料选自外语教学与研究出版社教材中的 The Internet and Telecommunications 单元)

Interviewer:Hello and welcome to Education Today. Today, we're talking about the Internet. Is the Internet a good thing for education? With me in the studio are Ann Baker, who's a teacher,

Tom Grant, who's 17 and still at school, and Tom's mother Pat. Welcome to the show, everyone. If I can talk to first, Ann, do you think that the Internet is a good thing or a bad thing?

Ann: Well, there are good and bad things about the Internet, but I think we should concentrate on the good things, and for this reason I think it's very good for students to use it.

Interviewer: Do you allow your students to use the Internet during school time?

Ann: Absolutely! They have Internet classes once a week. It's a chance for them to do some independent work. I make sure they have a reason to use the Internet.

Interviewer: What do you think are the bad things about using the Internet?

Ann: Well, we all know that there are some terrible sites on the Internet, We must make sure that students look for information on interesting and useful sites.

Interviewer: Thank you. Well, I also have Pat and Tom Grant with me. Tom, how often do you use the Internet?

Tom: Every day.

Interviewer: At school or at home?

Tom: At school and at home.

Interviewer: How much time do you spend on the Internet at home?

Tom: As much time as I can. About five hours.

Interviewer: Five hours a week?

Tom: No! Five hours a day.

Interviewer: And what do you do on the Internet? Do you study?

Tom: Yes. It's good to study on the Internet.

Interviewer: Is it better than studying at school?

Tom: Well, they are different. I like studying at school as well.

Interviewer: Pat, what do you think about that?

Pat: Well, I'm happy when Tom is studying on the Internet, but he doesn't always study.

Interviewer: What do you mean?

Pat: Well, there are a lot of music sites that he likes. And he spends a lot of time reading about his favorite football team.

Interviewer: So you would prefer it if he didn't do that.

Pat: Nor—I want him to study and enjoy himself. But studying is important. And studying from books is important.

Interviewer: More important than studying on the Internet?

Pat: Studying is the most important thing.

(二)教学目标

1.听力技能目标

(1)通过听力训练,培养学生理解说话者的意图、观点和态度的技能。

(2)培养语感,特别强调培养学生在听的过程中获取和处理信息的能力。

2.学习策略目标:

(1)通过积极参与课堂活动,提高听的能力,促进本单元所要求的其他技能的发展。

(2)引导学生在讨论过程中培养合作意识。

(3)培养学生学会使用工具书解决学习中的问题的能力。

(三)教学过程

Step 1:Warning up

T: As we all know, surfing the Internet is becoming part of our life. When we talk about the Internet and its effects, what words can you think of?

(Ask the students to think of as many words as they can.)

(简评:听前是一种热身活动,是激活学生认知图式的过程。本环节通过 brain-storming 来激活学生思维,复习本模块主要词汇,从而导入本节课的听力话题。)

T:Good. So many words have something to do with the Internet. Now, I'll give you some other words. Please listen to the tape twice and try to write down as many words as you can.

concentrate, enjoy, fantastic, favorite, useful, independent, make, sure, reason, studio, terrible

T:Now, please tell me how many words you are sure of.

(For some words the students can't write out, the teacher can write them on the blackboard and ask the students to look them up in the dictionary.)

(简评:运用听写训练模式,导入与 Internet 有关的重点词汇。对于听力材料中的关键词,让学生以查字典的方式解决,既扫除了听力材料中的生词障碍,又培养了学生探究式学习的能力。)

Step 2:Listening

Part Ⅰ

T:Now, we are going to listen to an interview about the Internet and its effects While listening, please have the question in your mind:

How many people are mentioned in this interview?

(理解听力材料的主要线索。)

Part Ⅱ Listen to the interview once again.

After listening, ask the students to choose their opinions from the following list:

1.Ann, the teacher, thinks that__________.

(1) everything on the Internet is useful for students.

(2) the Internet is useful but there are some bad effects.

(3) it's important to help students find useful effects on the Internet.

2.Tom, the student, thinks that__________.

(1) the Internet is the only place to study.

(2) the Internet is a good place to study.

(3) it's nice to use the Internet at school.

3.Pat, Toms mother, thinks that__________.

(1) Tom should only study from books.

(2) he spends too much time reading about football on the Internet.

(3) using the Internet is a bad thing.

(简评:听时是输入和理解的阶段。此练习的设计,要求学生在理解说话人的意图和态度的基础上,对所听内容进行正确评价。)

Part 1: Pronunciation

T: Please look at the extract from the interview. Listen to this part again. While listening, you should pay attention to the pronunciation and intonation. Try to underline the words that you think are important and should be stressed. And then practise it with a partner.

Interviewer: How often do you use the Internet?

Tom: Every day.

Interviewer: At school or at home?

Tom: At school and at home.

Interviewer: How much time do you spend on the Internet at home?

Tom: As much time as I can. About five hours.

Interviewer: Five hours a week?

Tom: No! Five hours a day.

(简评:语音、语调在日常对话中起着至关重要的作用,它可以决定一个人的观点与态度。通过这种"听—说"的训练模式,要求学生听后模仿录音中语音语调和节奏,从而更好地理解说话人的意图、观点和态度。这种训练在以对话为主的听力训练中尤为重要。)

Step 3: Making a survey about the following questions

T: Tom spends so much time on the Internet. What about you? Do you often surf the Internet? Do the following survey:

What do you do on the Internet?

Where do you surf the Internet?

How much time do you spend on the Internet?

What do you think the good effects are?

What do you think the bad effects are?

(Ask the students to report it to the whole class.)

(简评:听后是掌握知识和技能的阶段,本环节采用调查问卷的形式,把听、说有机地结合起来,从而全面发展听力技能。)

Step 4:Homework

Write a passage about your opinion about surfing the Internet.

三、案例综合评述

新课程环境下的英语听力教学强调学生的语言运用能力,要求学生不仅在微观(单词、短语、句子)上,更要在篇章层面上全面掌握语言的结构和意义,并在学习过程中培养分析、推断等能力,其目的是提高学生的整体听力水平,以便更好地用英语进行交际。因此,教师对教学活动的设计应偏重于培养学生抓住关键词、理解大意和主题、确定事物的发展顺序和逻辑关系、预测下文、理解说话人的意图和态度、判断语段的深层含义等技能,同时应通过对自己教学语言的精心设计来激励学生的语言建构机制,提高教学的实效性。这两篇案例的设计,都较好地体现了课程标准对于听力技能教学的要求,教师在课堂教学的不同阶段,通过不同层次的任务,不断激励学生参与教学活动。学生在完成任务的过程中,听说能力得到了训练,语言运用能力得到了提升,从而促进了本单元整体教学目标的实现。

第三节 口语技能教学实例

一、案例一

(一)教学内容(选自外语教学与研究出版社高中英语教材必修 1 Module6)

案例篇

The Internet and Telecommunications

SPEAKING AND READING

Look up these compound nouns in the dictionary.

credit card / internal call/ international call/ mobile phone…

(1)Read the passage about mobile phones in China.

(2)Answer the questions and do a class survey.

①How many people in the class have a mobile phone?

②How often do they use them?

…

(3) Work in groups. Discuss the following questions.

①What are the advantages of having a mobile phone?

②What are the disadvantages?

…

FUNCTION Talking about percentages and numbers

①Read the following sentences from the passages above again.

About 80 percent of web traffic is in English.

But this percentage is going down.

②Try to describe the growth of Li Kang's hometown, using the expressions similar to the words in italics from activity 1 on Page 57.

图表(略)

Now write a short passage according to the statistics above.

EVERYDAY ENGLISH

①Look at these words and expressions for shopping.

Good morning, sir/madam/young lady…

How can I help you?

…

②Work in pairs. Play the roles of a customer and a shop assistant. Use as many expressions from Everyday English as you can. Choose items to buy.

(二)教学目标

1.口语技能发展目标

(1)购物的英语表达技能。

(2)比较优势、劣势的口语技能。

(3)有关百分比、数量的口语表达技能。

2.学习策略目标

(1)通过课堂活动,提高参与意识和合作意识。

(2)在交际中得体地使用语言。

(三)教学重点、难点

(1)引导学生用表示“数字与百分比”的句型谈论图表。

(2)就 advantages 和 disadvantages of mobile phones 进行讨论。

(四)教学过程

Step 1:Learn new words by talking and answer questions about mobile phones

e.g.

T:How do we communicate with each other nowadays?

S:Mainly by making telephone calls, for example: international calls or internal call.

T:Which is cheaper, international or internal?

S:Internal calls, of course.

T:Is there any cheaper way?

S:Yes,sending text messages by mobile phone.

T:How many of you have a mobile phone?

S:…

T:How often do you use them?

S:…

T:What do you mainly use them for? Text messages? Calls?

S:…

T:Who do you communicate most frequently? Friends? Family?

S:…

T:Who hasn't got a mobile phone?

S:I don't have one.

T:Do you want to have one?

S:Yes.

T:Now lets go to the shop and buy one.

[简评:原教材 Speaking 第一步要求学生查字典学单词。考虑到这是一堂口语课,让学生在与老师对话过程中不知不觉地学会新单词(international calls/internal calls/text message/mobile phone)更简单自然,也更贴近生活和实际。通过进一步讨论学生使用手机的情况,调动学生兴趣,使其尽快进入学习状态。最后一个问题“Who hasn't got a mobile phone? Let's go and buy one.”意在为下一步做铺垫。]

Step 2:Learn to talk about shopping

1.Get familiar with the words and expressions for shopping

T:What do shop assistants say to us when we go shopping? And what do we often say? (discussion)

Possible answers:

What can I do for you? Would you like a…?

How much is it? Do you have a smaller one?

T:Good. New let's read the words and expressions for shopping.

2.Role playing

T:Next,let's work in pairs. Play the roles of a customer and a shop assistant.

Use as many expressions as you can. Here are some items for you to choose to buy. You may also choose to buy other things you like.

mobile phone—Bird,Panda,Haier

jeans—made in China/the USA/England

bicycle—ordinary bike,racing bike,mountain bike

(简评:原教材这是最后一个部分,考虑到练习 going shopping 相对简单,也符合“先买后用”的常理,根据由浅入深、循序渐进的原则,将该部分调整到前面。该活动意在完成本课时第一个口语技能目标 Learn to talk about buying things。分两步走:①熟悉有关“买东西”的词汇与句型;②角色扮演练习。)

Step 3:Learn to talk about advantages and disadvantages of the mobile phone

T:Most of us have a mobile phone because it has many advantages and helps make our life easier. Do you think it has any disadvantages? What are its advantages and disadvantages? Now divide into groups and talk about them.

Procedure:

1. Divide the class into groups of eight. Each group is divided into two sides.

Positive side(four students):tell advantages

Con side(four students):tell disadvantages

2.Discuss within the groups. If necessary, write down the points on the cards.

3.Ask one group to demonstrate debating.

4.The teacher gives the evaluation of the students' performance.

(简评:该活动意在完成第二个口语技能目标,是本课的难点之一。为了使学生说得更流畅,分组后需要给学生时间写发言要点。同时,老师应该提醒学生,在表达自己的观点时要避免说“You are wrong.”“That's a bad idea.”这样的句子,委婉、礼貌地表达不同观点才是最佳交流方式。)

Step 4: Learn to talk about percentages and numbers

1.Learn the sentence patterns about percentages and numbers

T: Having a mobile phone has both advantages and disadvantages. However, people don't care too much about its disadvantages, so the mobile phone use in China is getting bigger and bigger. Now let's read a short paragraph to get the exact information.

Mobile phone Use in China Gets Bigger and Bigger

In April 2002, the number of mobile phone users in China reached 167 million. At this point, China passed the Us to become the largest mobile phone market in the world. The number of mobile phone users in China is expected to reach 500 million by 2007.

T: What facts are given to support the point that mobile phone use in China is getting bigger and bigger?

S: In April 2002, the number… reached 167 million.

The number...is expected to reach 500 million by 2007.

T: Yes. Numbers and percentages are often used to describe facts or to support a point.

For example, in the reading passage of this unit, there are 6 sentences about percentages and numbers. Let's read them together.

(Students read the sentences in the textbook.)

T: Pay attention to the words in italics. They are useful sentence patterns to show percentages and numbers.

2.Describe the growth of Li Kang's hometown, using the sentence patterns of describing percentages and numbers.

e.g.

A: Please look at the graph. What was the population of Li Kang's hometown in 1978?

B: 2 500 000.

A: What about in 2003?

B: 3 800 000.

A: What was the number of school kids in 1978?

B: 450 000.

A: What's the percentage of increase?

B: 90%.

A: Then what was the number of school kids in 2003. Can you work it out?

B: 855 000.

(简评:这是本课时要实现的第三个口语技能目标,也是本课时的难点和要点。分两步走:①老师综述学生讨论结果,然后自然过渡到短文阅读。该段文章的主题是"Mobile Phone Use in China Gets Bigger and Bigger!"。它包含着几个表达"percentage and number"的常用句型。让学生找出这些句型,同时朗读本单元 reading passage 中的 6 个类似的句型,达到强化熟练掌握的目的。②图表分析。通过提问的方式,让学生抓住图表主要信息,进一步应用上述句型。)

Step 5:Homework

Write a short passage according to the statistics above. The title is:Educational Growth in Li Kang's Hometown.

You may begin like this:

In Li Kang's hometown education has grown rapidly.

(简评:通过课上的分析与练习,学生已经掌握了图表的要点,趁热打铁,让学生以 Educational Growth in Li Kang's Hometown 为题写一篇短文,是非常有效的落实方式。)

二、案例二

(一)教学内容

以人民教育出版社教材中 Great women 话题(原文略)的 Warming up 为依据,围绕单元教学任务实施口语教学。

(二)教学目标

1.口语技能目标

(1)口头表达几位著名女士的生平。

(2)学会谈论人物的积极品质与消极品质(positive and negative qualities)。

2.学习策略目标

(1)通过积极参与课堂活动,掌握人物描述的基本规律。

(2)在交际中得体地使用语言。

(三)教学重点、难点

引导学生用本单元提供的重点词汇和常用表达方式谈论女性的积极品质与消极品质。

(四)教学过程

Step 1:Warming up

Part Ⅰ: Watch a short video.

Show a one-minute video about Hua Mulan and do the following questions and answers.

e.g.

T: Who's the movie about?

S: Hua Mulan.

T: Is Hua Mulan a boy or a girl?

S: A girl, but she has to dress like a boy.

T: Why?

S: Because women were not allowed to join the army in her time. She had to go to the front instead of her father. So she had to dress like a boy.

T: What about now? Things have changed. Women can do what they want to. And a lot of them have made great achievements. Now look!

Show pictures of Song Qingling, Madam Curie, Pearl S. Buck and Mother Teresa.

Ask students to describe the pictures and the teacher may supply the information necessary about Pearl S. Buck and Mother Teresa.

(简评:本单元的主题是"伟大女性"。播放大约1分钟的"花木兰"的短片,能让学生直接进入单元主题和学习状态。应尽量引导学生进行问答。)

Part Ⅱ: Talk about pictures and learn about Song Qingling, Madam Curie, Pearls Buck and Mother Teresa.

T: Now, class, look at the picture. Who is she?

S: Madam Curie.

T: What do you know about her?

…

(简评:通过看图说话使学生了解这四位已故伟大女性的生平以及她们取得的卓越成就,自然地导入新课。)

Step 2: Play a game: talking about great living women

T: Just now we talked about four great women. Three of them are Nobel Prize winners. However, they no longer live in the world. There are also many great living women. Now listen to me carefully and guess who she is.

T: She is a British writer. She was poor when she was young. Her most popular novels are Harry Potter series. Who is she?

Ss: J.K.Rowling.

T: Right! Now let's divide the class into groups of four. Each group describe one famous living woman. When describing the woman, each member of the group says at least one sentence.

e.g. Deng Yaping.

Student 1: She is a sportswoman.

Student 2: She has won quite a few gold medals in the Olympic Games.

…

(Then ask some students first to give description of a famous woman and ask others to guess who she is.)

(简评:这个环节意在完成本课时第二个口语技能目标:学会谈论当代人物。通过做游戏完成该目标,学生十分感兴趣。活动的方式能让每个学生都积极参与。)

Step 3: Talk about women's positive and negative qualities

Part I: Learn words and useful expressions.

T: Just now we talked about great women. Well, half of the population are women. Why have only some of them made achievements while others haven't? Yes, because most successful women have positive qualities. What are the positive qualities?

S: Smart, hard-working, cheerful, friendly, warm, honest, kind…

T: Then what are the negative qualities?

S: Lazy, cold, stupid, dull, unfriendly…

T: Good. Now let's practise using these words and useful expressions by making sentences. (Fill in the blanks, complete sentences, etc.)

(简评:这个环节意在为完成本课时重点"学会谈论女性的积极与消极品质"做铺垫。教材提供了 positive and negative words 以及 useful expressions 如何让学生用这些词汇和句型谈论女性品质是本课时难点之一。教材是开放性的,只提供词汇与句型,如何引导学生学会使用这些词汇和句型要看教师的创造性。通过造句、填词和完成句子等方式熟悉这些词汇与句型是有效方法。)

Part II: Talk about women's qualities according to the pictures.

e.g.

T: Now class, look at the picture. Who is this young girl?

S: Sun yanzi.

T: What qualities does she have?

S: She is pretty, smart, warm, cheerful.

T: Wonderful! Now who is this woman?

S: I don't know.

T: She is Wang Xifeng, a character of *Red Mansions*(《红楼梦》). Do you know anything about her?

S: She is smart, but she is cold and mean.

T：Great！

…

（简评：学生掌握了词汇与句型之后，用这些词汇和句型看图说话，谈论数个女性，包括 positive qualities 和 negative qualities，为下一步做铺垫。）

T：Now describe any girl or woman that you are familiar with or respect.

I'll give you a few minutes to prepare. You can write some notes down if necessary.

（简评：开放式任务，检验学生是否已经形成能力。）

Step 4：Homework

Write a short passage about a famous woman.

（简评：学生在口头掌握本课时教学重点之后课后写一篇短文，是非常有效的落实方式，也是与写作技能教学的有机结合。）

三、案例综合评述

由于篇幅所限，两个案例均未把师生活动的细枝末节全部罗列出来，但可以看出两个案例较好地体现了高中新课标的理念。

（1）以培养学生综合语言能力为教学目标，不仅强化口语能力的培养，而且将情感态度、学习策略、文化意识等素养渗透在口语能力培养的过程中。

（2）自始至终都是本着面向全体学生，充分考虑到学生的心理特点、知识水平、生活范围空间、兴趣焦点、是否方便进行口语实践活动等诸方面而精心设计的。

（3）以活动为中心，教师以明确或暗含的手段交代“任务”，使全体学生积极参与实践活动，紧紧围绕当堂口语技能目标让学生在活动中感受、体验、实践和合作，以感受成功，完成任务。

（4）蕴含着思想感情教育。在教学过程中，教师没有直白地说教，通过对“手机”的讨论，使学生对手机的益处与害处有了进一步的认识；通过对女性话题的讨论，特别是教师精心引发讨论“Why have some women got great achievements while others haven't?”后，学生会叹服优秀女性的成就和优秀品质。

教师恰当、合理、灵活、富有创意地使用与整合教材，在这两个案例中也得到了体现。教师从本班学生的实际知识、生活空间出发设计各个环节，体现了教师、教材服务于学生能力培养的理念。两个案例都没有完全按照教材中提供的步骤设计教案，而是另外设计了更为合理、实用，衔接、导入更为自然的步骤。

两个案例中，教师自始至终是学生活动的促进者、指导者、组织者、帮助者、参与者、鼓励者、监控者和评价者。学生是主角，凡是学生能做的，都由他们自己完成。教师尽力营造平等、民主、开放、灵活、生活和谐、合作学习的热烈生动的活动氛围。

两个案例虽然是口语课,也注意到了综合素质能力的培养。如两节课都分别要求落实到书面,既培养了写作技能,又使每位学生有回味和进一步创新的机会,达到了巩固和提高的目的。

第四节　阅读技能教学实例

根据高中教学实际,本部分提供了两个精读教学案例。内容选自教育部审查通过的新高中教材。

一、案例一

(一)教学内容

阅读材料:The Olympic Games(原文略)

(二)教学目的

通过科学系统的阅读教学活动,从宏观入手以获取语篇结构、要点和文章走向等信息。教师通过向学生示范阅读策略,让学生在阅读时不仅把焦点放在语言层面上,不只关注词、句型、语法,而是在获取信息的同时更注重学习方法、阅读策略的探索和应用,培养学生学会学习。

(三)教学过程

Step 1:Pre-reading

1.Tell the students about the aims and tasks of the teaching and learning: to learn how to grasp the style, structure, theme of a text quickly by skimming, scanning and other strategies.

2.Suggested tasks.(下列活动和策略并非要求一节课内全部涉猎,而是师生结合自己的情况选用某些策略。)

(1)Brainstorming:Ask the students to talk about the English words they know about sports, such as volleyball, basketball, sports, skating, etc. Within given time, they are asked to see who or which group collects or recalls the most. We can also ask the students to sort their words in the order of familiarity or preference.

(2)Design blank sheets of a two-column chart of prediction for the students to fill in with what they think might appear in such a text.

(3) Prepare pictures for the students to talk about.

(4) Guess the meaning of some important words:

An athlete is a sportsman or sportswoman.

There are five continents in the world, Asia being the largest one.

Li Ning is a famous athlete in gymnastics.

He is going on a diet to reduce his weight; he is too fat to be healthy.

Athletes from different countries compete for the pride of their own countries during the Olympics Games.

…

(简评:以上活动目的是使学生明确目标,熟悉话题,预测内容,猜测词汇,激发他们的学习兴趣和欲望等。)

Step 2: While-reading

1.Skim the text and judge whether the following are true or not.

A. In the old times both men and women were allowed to take part in the Olympic Games.

B. The first modem Olympic Games happened in the year 400 A.D.

C. The Olympic Games was born in Greece.

D. The 24th Summer Olympics was held in Barcelona in Spain.

2.Scan the text and answer some specific questions.

A. When and where was the first Olympic Games held in modern times?

B. How many gold medals did China win in the 2000 Olympic Games?

C. In which year was the first Olympic Torch Relay?

…

(简评:略读及跳读策略的运用。)

3.Listen to the tape and read aloud.(模仿语音语调,培养朗读技能。)

4.Ask the students to find the topic sentence of each paragraph, if any.(适用于开始阶段。)

5.Let the students pick out the focus of each paragraph and let them try to summarize each paragraph using as few words as possible.(概括的策略,通过教师示范,小组或个人练习,学生学会写摘要。)

6.Learn to raise questions. Tell the students there are three kinds of questions: questions with answers right there in the text, and questions with answers by putting pieces of information together from different parts of one or more paragraphs and questions made up on their own. For example, "What is the reason for the failure of our first bid for hosting the Olympic Games?"

(简评:教师或学生提问问题。主要概括为三种问题:字面问题、综合问题和独创问题。)

7.Encourage the students to pick out the difficult language points of them and then ask some top students to give their analysis and answers.

When dealing with language points, the teacher must pay special attention to the strategies to be exploited. We should offer sufficient examples and then let the students summarize the rules and try to use them in authentic language situations, making sentences or writing something out of their own experiences prior to situations given by the teacher. For example, when dealing with the language points like this one:"The old Olympic Games from which the modem games came began around the year 776 B.C.", we should first ask if any of the students can analyze it and then offer enough examples with attributive clauses used this way for them to observe and draw a conclusion before they use it by themselves.

The person to whom they can turn…

The dictionary to which they referred…

The money of which they make use…

The watch in which he took pride…

…

As to the new words, we should always present them in real situations or context for the students to guess their meanings.(学生自主学习,"互动式阅读教学"策略。)

Step 3:Post-reading

1.Ask the students to check their prediction chart and revise their misunderstand if any.

2.Offer the students each a chart of three-column notes and ask them to fill in the blanks.

e.g.

What I have already known

What I want to know

What I have learned

3.Ask the students to retell according to given clues:

The Olympic Games are the biggest sports meeting in the world. There are ________ kinds of Olympic Games. ________ is the Summer Games, and the ________ is the Winter Olympics. ________ of them are ________ every ________ years. The old Olympic Games ________ around the year 776 B.C. in Greece. At that time there were not ________ many sports ________ today. And women were not allowed to ________ the games. But now there are many new sports in the Olympics. Just in the Summer Olympics there are more than 250 different sports. And ________ are also allowed to join in the games. They even compete ________ medals ________ men in some of the game.

4.Organize a discussion about such topics:

What are the possible reasons for China's first unsuccessful bid to host the Olympic Games.

Why did China succeed the second time?

Why does China bid for the host of the Olympic Games?

What would you like to do for the Beijing Olympics?

5.Let the students write a summary of the whole passage.

6.Start a discussion as to what reading strategies are most fit in reading such texts.

7.Ask the students to read other articles about the Olympic Games.(“窄式阅读”策略。)

8.Go to Olympiaka.com for more.

(案例简评:本案例从 pre-reading,while-reading 到 post-reading,在每个环节和每个活动设计上针对不同学习任务,引导学生主动学习,帮助他们形成以能力发展为目的的学习方式。同时,学生通过体验、实践、讨论、合作和探究等方式,发展语言技能。在很多环节上,教案为学生独立学习留有空间和时间,使学生有机会通过联想、推理和归纳等思维活动,用英语分析问题和解决问题,获得经验,增强自信,提高能力,让学生养成自主学习的习惯。)

二、案例二

(一)教学内容

阅读材料:

The Internet and Telecommunications

What Is the Internet?

The Internet is the biggest source of information in the world, and it's accessible through a computer. It consists of millions of pages of data.

How Did It Start?

In 1969, DARPA, a US defense organization, developed a way for all their computers to “talk” to each other through the telephone. They created a network of computers called DARPA-NET. For fifteen years, only the US army could use this system of communication. Then in 1984, the US National Science Foundation(NSF) started the NSFNET network. It then became possible for universities to use the system as well. NSFNET became known as the Inter-Network, or “Internet”.

What Is the World Wide Web?

The World Wide Web(the web) is a computer network that allows computer users to access information from millions of websites via the Internet. At the moment about 80 percent of web traffic is in English, but this percentage is going down. By 2020, much web traffic could be in Chinese.

Who Invented It?

The World Wide Web was invented in 1991 by an English scientist, Tim Berners-Lee. Berners-Lee built his first computer while he was at university using an old television! He came up with the idea of the World Wide Web in 1989 while he was working in Switzerland. Berners-Lee made it possible for everyone to use the Internet, not just universities and the army. He designed the first"web browser", which allowed computer users to access documents from other computers. From that moment on, the web and the Internet grew. Within five years, the number of Internet users rose from 600 000 to 40 million. The Internet has created thousands of millionaires, but Berners-Lee is not one of them. Everyone in the world can access the Internet using his World Wide Web system. He now works as a lecturer at Massachusetts Institute of Technology in Boston.

(二)教学目的

通过任务型教学活动,让学生积极主动地参与学习,学会自己总结规律性的东西并实际运用。通过教师示范某些阅读策略如略读、找读等,让学生学会独立使用具体的阅读策略来更快、更好地阅读。学习猜测生词意义。

(三)教学过程

Step 1:Pre-reading

(1)Hold a game or a contest for guessing the meaning of the words:

①Writing letters or telephoning someone is a good way of communication.

②There were 50 students in our class and about 45 agreed to the plan. That is to say, the majority agreed to the plan.

③The Red Cross is a world organization.

…

(2)Give a contest for practicing learning new words like the one adopted by CCTV in one of its programs.(三星智力快车《英语平台》。由学生用英语口语表述英语单词的含义,让教师或同学猜出原单词。师生互动。)

Ask two students to form a group; one is to offer a definition or antonym or synonym of a word, the other gives the possible answers. For example, one student can express 100 this way: 99 plus 1. And the partner gives the answer one hundred. And another example: A school where college students or students higher than senior ones study with their professors. (university)

(3) Ask the students to look up the following (or some) words in the dictionary.

academic, accessible, communication, consist of,

create, data, defense, lecturer, military,

millionaire, network, organization, percentage,

source, system, web, web, browser.

(4) Encourage the students to predict what the author might cover in the text.

(5) Do some listening or let the students watch video programs if possible.

(简评:通过比赛、自己查字典等任务激发学生自主学习的欲望和兴趣。并通过恰如其分的导入、预测策略的应用等让学生熟悉话题。另外,教师给学生明确的词汇学习上的指导和学习猜测生词的策略,如根据构词法、通过词的前缀和后缀、根据上下文线索及使用字典等。)

Step 2: While-reading

(1) Ask the students to judge the style of the text (an exposition, argumentation description, or narration). (宏观进入,点明体裁及其特点。先由教师示范,然后逐步过渡到学生自己判断。)

(2) Ask the students to skim or scan the text and then do True or False questions to check their understanding.

There are millions of pages of information on the Internet.

The US army was the first who used the Internet system.

Universities started using the Internet at the same time as the army.

The percentage of websites in English is getting smaller.

…(略读及跳读策略的培养)

(3) Ask the students to summarize the main idea of each paragraph. (概括能力的培养)

(4) Encourage the students to pick out some complicated sentences in the text for further understanding either in grammar or in any hidden meanings through discussion or by doing multiple choice. (由学生自主完成复杂结构的分析和深层理解,培养学生的评价性阅读能力)

(5) Ask questions leading to some discussion. (提问的策略,三类问题:字面、综合、独创)

What is NSFNET? (字面问题)

What are some of the differences between NSFNET and WWT? (综合问题)

What do you think the internet will be like in the near/distant future? (独创问题)

…

Step 3: Post-reading

(1) Let the students check their prediction, correct the wrong and fill in the missing information.

(2) Offer the students each a chart of three-column notes. Ask them to fill in the blanks and then compare their work with each other.

What I have already known	What I want to know	What I want to know

(3) Ask the students to retell the text according to given clues.

(4) Offer the students multiple choices to check their understanding.

(5) Initiate discussions according to questions by the teacher or by the students themselves.

(6) Ask the students to write a summary of each passage.

(7) Discuss what reading strategies are most fit in reading such texts.

(8) Strategies transfer: Present the students similar articles for further reading to reinforce their vocabulary as well as their understanding of such subjects.

(9) Go to search online on this topic "The Internet and Telecommunications" either by www.Google.com or Baidu.com or some other searching engines.

(简评:本案例从基础知识入手,通过阅读培养学生综合应用语言的能力。它较注重词汇能力的发展与培养,因为阅读理解能力同词汇量之间始终有着密切的联系。)

第五节　写作技能教学实例

一、案例一

(一)教学内容

以人民教育出版社教材中的 Travel journal 话题为背景,根据写作要求提示,组织材料写一篇亲身游记。

(二)教学目标

1.写作技能目标:

在学习模块 Travel journal 之后,学生通过理解与把握 *Journal down the Mekong* 这篇游记,掌握用英文写游记体裁文章的基本技能。

2.学习策略目标

(1)指导学生学会欣赏游记,并能模仿写出自己的旅游经历与体会。

(2)培养学生选择使用工具书的技能,促进写作水平的提高。

3.情感目标

提高学生的业余生活质量,欣赏美丽河山,热爱和保护自然,同时加强情感交流。

(三)教学重点、难点

(1)如何做好阅读与写作的衔接。

(2)对学生模仿游记的评论与评价。

(四)教学过程

Step 1:Pre-writing

Activity 1 Show the students some sentences from the reading in this module to remind them of the travel experience of Wang Wei and Wang Kun.

(1)I had dreamed about taking a great bike trip.

(2)She loves to go for long bike rides in the countryside.

(3)She gave a determined look—the kind that said she wouldn't change her mind.

(4)When are we leaving and when are we coming back?

(5)At first the river is small, clear and cold.Then it begins to move quickly. It becomes as rapid as it passes through deep valleys … At last, the river's delta enters the South China Sea.

(6)To climb the mountain road was hard work but going down the hills was great fun.

(7)We are reaching Dali in Yunnan Province where our cousins Dao Wei and Yu Hang will join us. We can hardly wait to see them.

At the same time, the teacher asks the students to pay attention to the underlined words,from which they could learn how to describe their trips and share their afterthoughts with us.

(简评:本教学环节可以起到承上启下的作用,学生脑海中可以复现本模块游记的场景。通过回忆下划线的词语或句型,既可复习巩固,又为新的写作训练架起“引桥”。)

Activity 2:Travel around our country

T:Do Wang Wei and Wang Kun enjoy their bike trip? (S: Yes.)

(And have you made a trip somewhere in our country/our city /our area? Or "Have you ever had such experiences as Wang Wei and Wang Kun?" For students living in big cities,most of them will say "Yes", for others the teacher may choose the one the students are familiar with.)

For me,traveling around is exciting and there are a lot of places of interest to see in our motherland. Look at the pictures and guess where it is.

(Show some slides or pictures.)

Hainan Island, Hong Kong, Tian'anmen Square, the Great Wall, Mount Tai, Qingdao, Huanghe, Temple of Heaven, etc. (Or local places of interest.)

(简评:对于大多数学生而言,英语写作不轻松,也比较乏味。通过师生互动的课堂活动和欣赏图片,既能较好地激发学生的兴趣,引领学生欣赏名胜古迹,又在一定程度上使学生为之振奋,从而激发写作欲望。)

Setp 2: While-writing

Activity 3: Talk about the writing topic (handout)

假设你是李华,今年五一劳动节,你们班组织了集体登泰山活动,请你根据当时的场景写一篇游记。记述:你们班为什么选择登泰山?在登山前做了哪些准备工作?如何到达山顶?途中观察到什么?有什么感受?

1.Do you want to go traveling around these places? (Yes) So do I. If we had enough time and enough money, we would go there some day. By the way, I was told that your class went to Mount Tai during the Labor Day. Would some of you share the ideas with me?

2.Brainstorming:

Get the students to ask and answer the question:

Why did you choose to go to Mount Tai?

The students may give some answers as follows:

A. Mount Tai is quite beautiful/famous/close to nature.

B. We want to have an interesting trip there.

C. During the climb, we can help each other. That will strengthen the friendship between us.

D. We had dreamed about climbing Mount Tai together for long.

E. It's in our province, and we feel proud of it.

F. We want to make a study of the wildlife.

G. We should try to overcome any difficulty, no matter how hard it is.

H. Mountain climbing is really exciting.

…

(For the above questions, the teacher asks the students to give as much information as possible, and do the same with the following ones.)

(1) What did you do before your trip?

(2) How did you get to the top of the mountain?

…

（简评：本阶段属于本节课的核心内容。由景而入，激发了学生的兴趣。通过“大脑风暴”活动，既活跃了课堂气氛，拓展了学生的思维，又能够锻炼学生口头表述事实和交流信息的能力，这些可理解的输入为下一步的写作做好了语言上的准备。同时，本环节也体现了读写一体的原则，即每个句子的正确性为整篇文章的写作打下了良好的基础。）

Activity 4: Put the ideas into sentences and then into passages

1. Ask the students to write down some sentences about their climbing. Ask them to make out an outline, topic sentences of the paragraphs, and some key words and phrases. They can also combine the answers to the above questions and then revise them with the advice from others.

2. Get the students to put their sentences in order. And share their writing with their partners. (Before getting the students to start, remind them of the differences between a diary and a journal.)

3. Ask the students to write the travel journey, using linking words and relative pronouns.

While carrying out this work, the teacher may walk around the students to give some help when necessary.

（简评：由问题的互动，学生积累了写作素材；同时，学生写作技能的培养在这里也得到了集中体现。从整理思路、组织素材，到列出提纲、遣词造句、写出文章，整个过程是连贯、一体的。在这个环节中，教师使用了任务型教学法，通过学生的班级活动、小组活动，促进了学生之间的交流、合作能力。在小组交流过程中，老师应尽量参与到讨论当中，并能适时地加以指导，也就是说教师的身份应该是活动的组织者，学生的指导者和启发者；学生才是课堂的主体，一切活动也围绕学生来展开。）

Step 3: Post-writing

Activity 5 Get the students to evaluate their compositions in groups

1. Exchange their writing with other members in the groups (two or four students in a group), and ask the students to give some comments on the one he or she has read.

2. The teacher should get the students to pay attention to the following points to make necessary corrections while reading their partners' writing.

(1) Basic skills (spelling, capitalization, punctuation);

(2) Key points;

(3) Suitable words and expressions;

(4) Grammar (tense, voice, sentence structures);

(5) Logical problems (conjunctions, orders).

3. Get each group to recommend one or two passages and share it with the rest of the class. And the teacher chooses one or two of them to mark them in class with the help of overhead projec-

tor and gives some comments.

4. Ask the students to make necessary changes in their writing and copy them in their exercise book for further correction.

[简评:同伴评价实际上是合作学习的一种形式,其重要理论基础就是考卡夫(Kafka)最早提出的"群体动力理论"(group dynamics)。通过组内讨论交流、小组评选,学生对自己所写作文的要求与要点以及注意事项都有了大体的印象。老师再利用实物投影仪选择不同层次代表性的文章当堂点评。对于学生作文中比较容易出现的问题,应讨论出合理化建议并加以纠正,比如时态错误。如果他们能在写作中出现比较深层次的认识,教师应该及时表扬,从而培养学生的写作热情,提高评价和欣赏文章的水平。]

Step 4: Homework

找出自己一次外出游玩的系列照片,制成小册子,配以英语说明,说明中需增加自己的点评,然后向全班展示。

二、案例二

(一)教学内容

以《外语教学与研究出版社》教材中的话题"My First Day at Senior High"为背景,指导学生通过学习本单元内容根据写作要求提示,给美国朋友 Martha 回复一封 E-mail,介绍高中生活第一天的感受。

(二)教学目标

(1)让学生熟悉 E-mail 的基本结构、格式以及文体等方面的要求。

(2)培养学生的写作技能和策略,关注学生写作过程中的认识能力而不只是写作结果。

(三)教学重点、难点

(1)E-mail 的写作格式以及如何回复。

(2)运用相关词汇、语法知识、句型等进行写作构思。

(3)教师引导学生对作品进行评价。

(四)教学过程

Step 1: Pre-writing

Activity 1 Remind the students of what they have learned about My First Day at Senior High

In the reading part of this module, Li Kang told us something about his first day at Senior

High. Can you tell me something about him and his school?

(1) Why does his school have a good reputation?

The teachers there are very enthusiastic and friendly and the classrooms are amazing.

(2) What does he think of his English teacher?

The English teacher, Ms Shen, is a very enthusiastic woman and she has a strange way of making her classes lively and interesting.

(3) How about his class?

There are about 65 students in his class. And the number of girls is three times larger than that of boys. Everyone is working hard.

(简评:通过问题互动,教师一方面可以引导学生回顾课文内容,让学生熟悉描述学校和人物的重点词语;另一方面在教学环节上可以承上启下,创建写作情境。)

Activity 2: Something about you and your first impression on your Senior High

Get the students to give some brief ideas about their senior high school. If some of them have trouble in breaking the ice, the teacher will offer some clues.

What do you think of your new classmates?

How do you like your new English/Chinese/physics/chemistry teacher?

Have you made any new friends yet? Who are they?

On finishing this, the teacher today we are going to read Martha, who is a new student in a senior high. She wants to share some feelings of her being a senior high school student. And she wants us to write her an E-mail. Then the teacher writes "An E-mail to Martha" on the blackboard or shows it on the screen, and then tell the students what we are going to discuss is how to write an E-mail to a foreign friend. Do you have any idea how to write an E-mail? Then collect some ideas from students and put them to be discussed.

(简评:根据克拉申的输入假说:"写是输出的过程,是在前面多方式、多渠道的足够可理解输入的情况下而达到的自然输出。"教师明确写作格式与内容,从而激发写作欲望,明确写作要求。)

Step 2: While-writing

Activity 3: Read the E-mail from an American student in tenth grade from the textbook on Page 8

(1) Pair work: Ask and answer the following questions:

①What are Martha's favorite subjects in Senior High?

②What is her first memory of her new school?

③What about her first teacher in this school?

④Who was her best friend?

⑤What was her favorite activity in first grade?

(2) Divide the students into groups of four, working together to find out the key points and how to express them. The teacher walks around to give some help when necessary.

(3) Assign a representative in each group to collect the ideas from each student in the group.

[简评:本环节的安排采用 M-M-C practice 训练模式。通过机械性活动(mechanical practice)让学生阅读获取回复的重点内容,加工信息;通过意义性训练(meaningful practice)和交际性训练(communicative practice),鼓励学生回答问题,交流思想,开拓思路。在此基础上,学生可连句成段,连段成文,并进行润色。]

Activity:4 Share the writing with the class and give some feedback

(1) Report their ideas on behalf of each group to the whole class.

(2) Ask one or two students to give some comments on what they heard from each group, including the structure, language, communicative function and authenticity.

(3) Teacher feedback

①The teacher gives brief comments on each presentation.

②Tell the students to pay attention to the format of an E-mail.

A.必须在标题(Heading)栏的“收件人(To)”框中输入收信人的 E-mail 地址。

B.“主题(Subject)”框的内容应简明地概括信的内容,可以是一个单词,也可以是完整句,但内容切忌含糊不清。

C.正文(Body)前的称呼(Salutation)通常无须使用诸如“Dear Mr. John”之类的表达。

D.内容简单明了,便于阅读,太长的内容可以以附件的方式发出。

E.信尾客套话(Complimentary close)通常也很简明。常常只需一个词,如 Thanks,Best,Cheers,不需要用一般信函中的 Sincerely yours 或 Best regards。

F.称呼和正文之间、段落之间、正文和信尾客套话之间一般空一行,开头无须空格。

③Ask the students to write out the E-mail according to what they talked about and the instructions from the teacher. Give a handout or show it on the screen, if necessary:

Possible expressions that the students may use in writing the E-mail.

a. Nice to hear…And I like to…

b. How is everything going with you?

c. I'm quite interested in …

d. I'm quite impressed with …

e. I was very disappointed that …

f. My first memory of school was…

g. My favorite activity was...

h. Looking forward to…

Step 3:Post-writing

Activity 5:Revising phase

(1)Exchange their writing with their partner and give each other some feedback.

(2)Read out one of the writing or show it to the class with an overhead projector Ask the other student(s)to talk about it and give some comments.

(3)The teacher gives some feedback and asks the students to rewrite it for homework.

[简评:通过相互指导与研讨,为学生再次提供了学习机会,强化同学们的合作性学习。同伴评价(Peer feedback)和教师评价(Teacher feedback)实际上是学生、师生之间的一种合作学习形式,能使学生在学习英语的过程中不断体验进步与成功、认识自我、建立自信、调整学习策略,促进学生综合语言运用能力的发展。评价也能使教师获得英语教学的反馈信息,对自己的教学行为进行反思和调整。]

Activity 6:Assignment

1.Ask the students to write it neatly on a piece of paper after self-correction.

2.Give self-evaluation to the homework, marking A, B or C.

3.After the teachers correction, choose some well written ones to exhibit them in the classroom or get it printed for each student.

(简评:通过本活动,教师可引导学生对自我认知的过程进行反思。通过学生对文章进行自评,可有效地发展学生自我评价能力。总之,高中学生要提高写作水平绝不是一两节课就能解决的问题,它需要长时间的、系统的学习和训练,但恰到好处的指导和英语写作教学要有长远规划,注意培养学生的写作兴趣,激发学生的写作动力,提高学生的写作水平。在训练过程中教师既要重视合作式的学习方法,也要给学生不同类型的范文进行学习,还要给他们大量的机会进行写作训练。)

第六节　单元综合教学实例

一、单元整体教学案例一

(一)教学内容

以人民教育出版社教材中 Friendship 话题单元为教学任务。

（二）教学目标

1.语言技能目标

（1）听懂 Miss Wang of Radio for Teenagers 的回信，抓住要点，并能回答就信中主要内容提出的问题。

（2）能围绕中心话题 Friends and friendship，与同学交谈、合作，共同完成调查问卷设计任务。

（3）能从 Anne's Best friend 中获取主要信息，理解课文的内容和细节；理解“语言运用”部分的两封信，为下面的听和写做好准备。

（4）能根据提示，以编辑的身份为 Xiao Dong 写一封回信。

2.语言知识目标

（1）话题：熟悉有关 Friends and friendship，how to make friends 和 how to maintain friendship 的话题。

（2）功能：在日常交际中有效地使用得体的语言表达态度：

1）同意和不同意：I agree，I think so，Exactly，I don't agree，I don't think so，I'm afraid not.

2）肯定程度：That's correct; Of course not.

（3）语法：掌握陈述句、一般疑问句和特殊疑问句的直接引语和间接引语。

（4）词汇：理解、掌握下列词汇：

add，point，upset，calm，concern，careless，loose，cheat，reason，list，share，feeling，thought，German，series，outdoors，crazy，nature，moonlight，purpose，dare，thunder，entirely，power，according，trust，indoors，suffer，teenager，advice，quiz，editor，communicate，situation，habit，add up，calm down，have got to，be concerned about，walk the dog，go through，hide away，set down，a series of，on purpose，in order to，face to face，according to，get along with，fall in love，join in.

3.学习策略目标

（1）认知策略：总结语言材料中有关直接引语和间接引语的规律并加以应用。

（2）交际策略：在课内外活动中积极围绕话题与同学交流。

（3）调控策略：合理分配注意力。

（4）资源策略：学习有效地使用词典等工具书。

4.文化意识目标

了解英语交际中如何恰当地表达态度。通过课文学习，了解德国法西斯残害犹太人的历史，感受外国历史文化。

5.情感态度目标加深对友谊、友情、朋友的理解，学习如何正确交友，对待友谊、友情，处理朋友间发生的问题。

（三）教学重点、难点

（1）本单元所出现词汇的用法。

（2）陈述句、一般疑问句和特殊疑问句的直接引语和间接引语。

（3）对于个人观点态度的表达法。

（四）课时计划

本单元计划用6课时。

Period 1

Teaching aims:

1.Speaking: Talk about friends and friendship.

2.Writing task: Design a questionnaire on friendship.

Step 1: Introduction to the topic

1.Get the students to describe one of their friends. e. g.

T: This unit talks about all kinds of friendship. Do you have any friends?

S: Yes, we do.

T: Can you give us a brief description of one of them?

(Students may describe their age, appearance, personality, hobbies, something they have in common, etc.)

2.Have students make a list of 3 qualities a good friend should have.

T: What qualities do you think make a good friend?

3.Divide students into groups of four to find out what qualities each has listed.

4. Have a member of each group report on what they've listed and put them on the board.

(Students may include the following qualities in their lists: honest, friendly open-minded, generous, helpful, patient, full of love, brave, easy-going responsible, kind, tolerant, etc.)

5.Discuss together whether or not they agree with all the qualities listed.

(Encourage students to use the following functional items: I agree. I don't agree. I think so. I don't think so. Exactly. I'm afraid not. That's correct. Of course not. etc.)

（简评：本环节通过引导学生描述朋友，进而探讨好朋友应具备的优秀品质，循序渐进地引入本单元的中心话题，真实性强，为学生学习和运用本单元的功能意念项目提供了很好的机会。）

Step 2: Doing the survey

1.Explain to students what a survey is and do the one in the textbook.

2.While doing that, encourage students to guess the meaning of unfamiliar words (if necessary).

3.Have students work out their scores on page 7.

4.Discuss the results: 4-7 points, not a good friend; 8-12 points, a fairly good friend, 12+ points, an excellent friend.

(简评:为了有效完成设计调查问卷的任务,首先要对它有一个直观的认识,弄清调查问卷的结构和形式,为下面设计问卷这个中心环节做好各方面的准备。对于问卷中个别的生词和短语,应鼓励学生围绕"中心话题"和上下文去猜测。)

Step 3: Designing a questionnaire

1.Divide students into groups of four.

2.Ask students to design questions accordingly with three possible answers each.

3.Give a score to each answer.

4.Set down the questions and answers to make a questionnaire.

Sample dialogue:

A: Now let's design a questionnaire to find out what kind of friend one is.

B: OK. First we must think of five questions and four answers to each question.

A: What about the first question? Have you got one in mind?

B: Suppose your friend has taken away your book by mistake, what will you do or say to him/her?

…

A: That's a good question. Let me put it down.

B: Then how about the four answers?

A: Well, the best answer I think of is "You will ask your friend to be careful next time".

B: I agree. The worst answer may be "You'll get upset and won't talk to him/her any more".

A: All right. Two more answers. Oh, I've got one. You'll ask your friend to return it to you."

B: That's quite natural. Another possible answer is to tell your friends parents about it.

A: Oh dear, I wouldn't do that. But I agree to have it.

B: How many points shall we give each question?

A:The total is five. The best answer can score 3 and the worst 0.

B:Each of the others will score 1.

A:Oh no. It's silly to tell one's parents about it. I won't give it any score.

B:Then give 2 to the third answer. Shall we go on to the next question?

(简评:本环节的目的是通过设计问卷,创设真实的语言情景,为学生探讨友谊、友情提供广阔的空间。重点进行口语交际方面的练习,同时培养学生发现、思考、解决问题的能力,树立正确的人生观和价值观。)

Step 4:Trying the questionnaire

1.Check the questionnaire through and try it out on your own group.

2.Share your questionnaire with one or two other groups and try each others questionnaires.

(简评:使用自己设计的调查问卷,可极大地调动学生的积极性,使他们主动参与到活动中来,获得积极的情感体验。)

Step 5:Homework Does I in USING WORDS AND EXPRESSIONS

(简评:练习的目的是提前感知生词,以便在下面的阅读中将注意力集中在文章的思想上,减少因担心生词对整体理解文章造成的影响。)

Period 2

Teaching aims:

1.Read Anne's diary and try to understand its main idea as well as details.

2.Foster the reading strategy.

Step 1:Pre-reading

Group work:

Work in groups of four on the following questions:

1.Does a friend always have to be a person? What else can be your friend?

2.Do you think a diary can become your friend? Why or why not?

(简评:通过讨论,将学生的注意力集中到下面阅读材料的主题上。本环节调动学生围绕文章主题展开批判性思维,为他们将话题与自身生活经历相结合提供机会,因此并非可有可无。)

Step 2:Reading

1.Look at the title of the reading passage and the pictures on Pages 2 and 3. Guess who those people are and what the text might be about.

(简评:引导学生充分利用各种信息源,拓宽阅读时的视野。设置"信息沟",激发学生的阅读欲望。)

2.Skimming

Read the passage silently and quickly and answer the following questions:

(1) Who is Anne's best friend?

(2) What's the main idea for Paragraph 2?

3. Intensive reading

(1) Read the passage again and find words and phrases which you are unsure of use your dictionary when necessary.

T: Now, let's read the text again. While reading, please pay attention to words and phrases which you are unfamiliar with, especially those bold ones. Then you can ask questions and we can talk about them.

e.g.

S: What does "set down a series of facts" mean?

T: Do you keep a diary?

S: Yes, I do.

T: What do you usually write in your diary?

S: I usually write about what I do during the day. Oh I see. "Set down a series of facts" means "write down some facts". Am I right?

T: Exactly.

(简评:语言学习不只是传授性的,还具有体验实践性。要引导学生形成自主学习意识,在运用语言的过程中感悟、体验所学语言,同时培养学习策略。)

(2) Comprehending: Read the passage again carefully and do the exercises on Page 3.

(简评:本环节应注意给学生提供充分的思维时间和广阔的思维空间,调动学生在交互学习、合作学习中学会自己解决课文理解中的问题,尽量挖掘学生的学习潜能。)

Step 3: Post-reading

Discuss the following questions:

1. Imagine you had to hide somewhere to avoid being killed, where would you plan to hide?

2. What would you choose if you were only allowed to have five things with you in the hiding place because there was very little room?

3. What might it be like if you had to stay in your bedroom for a whole year?

4. What would you do to pass the time?

(简评:通过围绕课文的话题设置语言情景,鼓励学生发表自己的见解。在这个过程中,教师可进一步向学生介绍课文背景知识,让学生了解德国法西斯残害犹太人的历史,从而深刻理解安妮当时的心境和安妮日记的内涵,在感受外国历史文化的同时自然而然地习得语言。)

Step 4: Homework

1.Do LISTENING on Page 71 in the workbook.

2.Read FRIENDSHIP IN HAWAII on Page 74 and do the exercise.

(简评:在新课程中,作业除了巩固和检验所学知识外,还应是拓展学习空间的手段,是促进学生发展的有效途径。)

Period 3

Teaching aims:

1.Lexis: Have deeper understanding of some useful words and expressions.

2.Grammar: The use of the Direct and Indirect Speech in narration and questions.

Step 1: Checking the homework

Discuss the questions on Page 75 about the reading passage FRIENDSHIP IN HAWAII.

Step 2: Lexis

1.Go through the questionnaire and the reading passage on Pages 1-3, then do Discovering useful words and expressions on Page 4.

2.Further study of the lexis

(1) upset adj. & v.

Read the following sentence, paying attention to the use of upset:

(a) She sounded upset when I told her you couldn't give her an appointment.

(b) They are terribly upset by the break-up of their parents' marriage.

(c) She warmed me not to say anything to upset him.

We can draw a conclusion that:

(a) If you are upset, you feel ________ because something unhappy has happened to you.

(b) If something upsets you, you feel ________ or ________.

(2) be concerned about

Complete the following sentences with the Chinese hints:

(a) The family ________ all ________ (担心) his safety.

(b) ________ (她为什么如此关注) his attitude to her work? There seems nothing to do with him.

(c) The public ________ (越来越关注) the spread of the deadly disease.

(3) dare modal v.

(4) happen to

…

（简评：由于学生受认知水平的限制，不可能自主探究所有的语言现象。因此，教师针对学生忽略的重点和难点，及时补充和讲解，是十分必要的。我们既反对过去教师按字典讲，学生在课堂上记的词汇教学法，也反对把培养自主探究意识理解为靠学生自己解决所有问题，甚至采取“放羊式”的做法。教师应根据学生的实际情况和需要，积极为学生创设一些运用的语境，并提供语言支持，使学生在运用中加深理解，学会运用。）

Step 3：Grammar—Direct and Indirect Speech

1.Do Discovering useful structures

(1)Examine the sentences in Part I and try to find out the difference between direct speech and indirect speech.

(2)Do Part 2, following the models in Part 1.

2.Play a game

Form groups of three and carry on conversations like this：

A：What did they do when they arrived at the hiding place?

B：What did he/she say?

C：He/She asked you what they did when they arrived at the hiding place.

3.Summing up

T：In fact, how to say it in indirect speech depends on the specific situation. For example：My friend says, “I will come here tomorrow. ”How should you tell me about that at the very time and the very place?

S：Your friend says he/she will come here tomorrow.

T：Right. What if another time at the same place?

S：Your friend said he/she would come here the next day.

T：Good. What if the same day at another place?

S：Your friend said he/she would go there tomorrow.

T：Well done. What if another time at another place?

S：Your friend said he/she would go there the next day.

T：Good job. So you see, it's of little use just memorizing the basic rules when we change direct speech into indirect speech. In a word, we must take different situations into consideration.

（简评：和词汇教学一样，新课标提倡的语法教学也要从用的角度出发。教师要避免单纯的知识灌输，而应展现学习语法的思维过程，体现语法概念的生成过程。值得提出的是，教师还要在语法教学中发展学生的语法意识。也就是说，语法教学不能局限在语法的范畴内，必须与篇章语境、逻辑思维等联系起来。）

Step 4：Homework

1.Do translation in the workbook.

2.Use Indirect Speech to retell another entry of Anne's diary in the workbook.

Period 4

Teaching aims：

1.Read the letter from Lisa and have a discussion on it.

2.Do the listening task.

Step 1：Checking the homework

（简评：通过检查作业，进一步巩固所学的基础语言知识。如果发现学生在某些方面有欠缺，应及时进行补偿性练习。）

Step 2：Reading, listening and writing

1.Read the letter from Lisa on Page 5 and discuss the problem which was upsetting her.

（简评：阅读这封信是为了熟悉话题，明确下面听的目的。）

2.Imagine you were on Radio for Teenagers, and discuss in groups what advice you'd like to give Lisa.

（简评：通过讨论，激发学生兴趣和听的欲望，并对即将听的内容做出积极预测。）

3.Listen to the tape and answer the questions in Part 2, paying attention to the use of Indirect Speech.

（简评：教师应指导学生培养听的策略，重点放在听大意和主题，理解说话的意图和态度，边听边做笔记。）

4.Compare Miss Wang's suggestions with yours.

（简评：本环节再次为学生提供了在真实的语言环境中进行口语交际的机会。）

Step 3：Listening task

Do LISTENING TASK in the workbook

1.Pre-listening

Discuss the following questions：

(1) Do you always do what your parents tell you to?

(2) What if you want to relax after dinner while your parents want you to do your homework right away?

(3) What will you do if your parents want you to end friendship with someone because they don't like him/her?

(4) Give an example that you disobeyed your parents and tell us what happened afterwards.

2.While listening

Focus your attention on the gist of the listening passage. Then fill in the form on page 73.

3.Post-listening

Perhaps you can help Anne with this problem. Work in pairs, make a list of things she might say to her father to make him change his mind.

Step 4:Homework

Do SPEAKING TASK in the workbook and prepare a dialogue.

1.In pairs, have the students read all of the situations and choose one to discuss.

2.Get them to write down their ideas about how to deal with the moral problem.

3.Let them discuss the best course of action.

4.Ask them to make a dialogue to prepare for presentation.

Sample dialogue:

A:Hello. Liu Ming. How are you? I have something to discuss with you. I feel very uncomfortable about this, but I feel we must talk about it. I have been offered a ticket to a concert of the Backstreet Boys.

B:Wow,that's wonderful! I know how much you like them and how much you've always wanted to go to one of their concerts. Is there any chance I might get a ticket, too?

A:I m so sorry. They are only staying here for one night and Shen Qing offered me one. There was only one, or of course I would have thought of you.

B:When are they coming? Perhaps I can queue up with you to get their autographs?

A:That's just what I wanted to say. The concert is on Saturday.

B:Oh I see. You want to change our arrangement for the picnic. Well, in fact I can't go either. My cousin is coming over and we shall have to visit my aunt.

Period 5

Teaching aims:

1. Read the letter from Xiaodong and have a discussion on it,especially on the writing purpose, writing style, and the authors attitude.

2.Write a letter in reply.

Step 1:Checking the homework

1.Ask some pairs of students to act out the dialogues they have prepared.

2.After each dialogue is presented, discuss their solution to the moral problem.

(简评:对话表演是行之有效的口语练习形式,但应注意让尽量多的学生参与。比如让学生在课余时间准备,课上让尽量多的学生表演,要求学生对表演进行讨论、评价,鼓励他们主动参与。)

Step 2:Reading and writing

1.Read the letter from Xiaodong on Page 5 and discuss in groups.

(1)What do you think is the purpose of the letter?

(2)Do you think it is successful? Are there any phrases or sentences that you feel explain the situation well?

(3)What is Xiaodong's tone? That is, is he angry, sad, happy,worried,or thrilled?

(4)Do either you or your friend have the similar problem?

(5)How to begin a letter? Is it different from a story? If so,what's the difference.

(简评:此处的短文阅读是与下面的写作相联系的。因此讨论问题时应注意对语言质量的分析,如写作的目的、作者的态度、文体特点分析等,为下一步的写作做好充分的准备。)

2.Imagine you are the editor of The 21st Century English, what advice can you give to Xiaodong? Write down your solutions. Exchange opinions with other groups.

(简评:写作最主要的目的是交流,因此,我们在注意文章结构和措辞的同时,更应注重思想观点的表达,把写作看成一个探索意义的过程,鼓励学生充分表达自己的观点。)

3. Write a reply

Sample writing:

Dear Xiaodong,

Some people like talking with others, but some people are shy. If you fall into the second group, it can be hard to make friends. But you can change the situation.

What are you interested in? If you like basketball, for example, you could talk with some of your classmates who like basketball. The easiest way to start talking to people is to find something you have in common.

If you are standing beside a group of your classmates, join in their discussion if you know something about the subject they are discussing. But if you don't, you should feel afraid to say, for example, "That sounds interesting. What's it about?" Once you start talking to one person, it will get easier to talk to others.

Find one person you have something in common with, and once you become friends with him, his friends will start talking to you,too.

Good luck!

Editor

Step 3:Homework

Write a few lines to describe your best friend or a person you know. The example on Page 6 may help you.

Period 6

Teaching aims:

1.Sum up what has been learned in this unit.

2.Foster students resource strategy.

(本课时教师参考教师教学用书中的“教学目的和要求”,引导学生总结本单元所学习的内容。目的在于加强学生的自主学习意识,指导他们改进学习方法,发展适合自身的学习策略。同时要利用部分时间扩大与本单元话题相关资料的阅读。)

二、单元整体教学案例二

(一)教学内容

以外语教学与研究出版社教材中 My First Day at Senior High 话题单元为教学任务。

(二)教学目标

1.语言技能目标

(1)听懂 Diane 和 Rob 之间的对话,抓住要点,并能回答就对话主要内容提出的问题;能听辨-ed 后缀在不同单词中的发音。

(2)能围绕中心话题 School and subjects 与同学交谈、讨论;流利说出含有本模块生词、词语和含有-ing 或-ed 的句子和段落;无误说出 Everyday English 介绍的使对话继续进行的表达方式。

(3)能从 My First Day at Senior High 中获取主要信息,理解课文的内容和细节,并完成相关语言知识练习;理解模块提供的和来自同学及其他资源的介绍学校的材料并获取信息。

(4)熟练写出包含所学词汇、词语和-ing 或-ed 派生变化的句子和段落;能根据提示,为 Martha 写回信;能完成 brochure 中有关写的任务。

2.语言知识目标

(1)话题:熟悉有关 School and subjects 的话题,介绍学校或班级概况,对比国内外教育体系。

(2)功能:学习使谈话继续进行的表达方式:

How are you doing? /Oh really? /So have I /Is that right? /Cool! /And what do you think? /That's great! /What about …? /Oh, I'm sure things will improve. /Oh, that's too bad.

熟悉个人态度、情感表达法,如:

The lecture is very boring.

I was very surprised when I heard the lecture would be cancelled.

(3)语法:复习一般现在时的三种不同用法:Indicating a permanent state of affairs, a habit or something you do regularly, and something which is always true;掌握以-ing 或-ed 结尾的形容词的用法。

(4)词汇:理解、掌握下列词汇:

amazed, amazing, assistant, attitude, behavior, biology, bored, boring, brilliant, comprehension, correction, description, disappointed, disappointing, embarrassed, embarrassing, encourage, enjoyable, enjoyment, fluent, French, Geography, German handwriting, hardworking, instruction, method, misunderstanding, progress, in other words, look forward to, focus on, refer to, at the start of, make progress, go to college, be divided into, pick up, take part in, take a photo

(5)语音:掌握含有-ed 结尾的词的发音规则并能准确读出。

3.学习策略目标

利用派生规则的以形释义和按义择形的词汇认知策略;复习一般现在时新旧联系策略;用现有知识和经历对材料进行理解、分析、综合等加工;根据模块问题锻炼略读和找读技能,加强对思维方向的自觉控制;学习 Everyday English 中运用恰当词语使对话继续的交际策略;通过其他资源获取更多介绍中学情况等方面的信息。

4.文化意识目标

了解英语交际中如何根据对方的话语做出恰当的反应;了解英语国家中学教育的大致情况;通过对比,思考我国中学教育。

5.情感态度目标

热爱新学校新班级和新同学,参与各种英语活动,克服新困难,在新环境中进一步树立正确的语言学习观。

(三)教学重点和难点

(1)本单元所出现词汇的用法。

(2)以-ing 或-ed 结尾的形容词的用法。

(3)对于个人情感、态度的表达法。

(四)课时计划

本单元计划用 5 课时。

Period 1

Teaching aims:

1.Get students acquainted with the new teacher, new classmates and new textbook.

2.Read the school diary to get the main idea. At the same time students are required to dip into the new vocabulary to prepare for better understanding in the following class.

Step 1: Warming up

1.Introduce yourself to your students—give them as much personal information as you feel comfortable, and talk about your teaching experience.

2.Show them how the book works in terms of Modules and the contents of those Modules.

3.Allow the students time for questions about any aspects of what you have said.

(简评:开学伊始,向学生做以上介绍,有助于学生明确学习目标,针对新教材、新内容,采取有效的学习策略,并为师生之间建立良好的合作关系奠定基础。)

Step 2: Speaking

1.Answer the questions about the school subjects in the box.

(1)Read through the sentences to the class and make sure that they understand them all.

(2)Ask them to answer the questions individually.

(3)Check their answers in pairs.

(4)Call back the answers from the whole class.

2.Group work

(1)Ask the students to do Part 2. Complete the sentences with a subject and a reason in INTRODUCTION individually.

(2)Put the students into groups of four, and share their opinions within their group.

(3)Call back answers from a couple of groups and get the students to compare different answers to the same sentence frame.

(简评:通过分组讨论,调动学生结合初中的语言知识和技能表达自己的想法,一开始就产生不同程度的成就感,同时使学生体验和感受合作学习的优势和重要性。)

Step 3: Reading task

1.Discuss the questions in Part I in READING AND VOCABULARY.

(1)Read through the questions and make sure that the students understand them.

(2)Put the students into pairs to answer them.

(3)Call back the answers from the class.

(简评:本环节是 Reading task 的准备和铺垫。准备工作能为整个任务的完成创造学习气氛、激发学生的兴趣以及指出思维方向,更为重要的是,它能训练对比和归纳等认知策略。)

2.Do Part 2 in READING AND VOCABULARY.

(1)Read through the words and have the students repeat them after you.

(2)Put them into pairs to discuss the meanings of the words. Tell them to use a dictionary when necessary.

(3)Ask the students to answer the questions individually. Then put them in pairs to compare their answers.

(简评:通过做选择题学习生词,用英语进行初步的思考,为下面的 Reading 做准备。)

3.Reading comprehension.

(1)Skimming

Skim the rea passage and find:

(a)Answers to the three questions in Part 3.

(b)The best summary of Li Kang's opinion in Part 6.

(2)Read the text again and do the exercises in Part 4.

(简评:本环节要特别注意引导学生根据不同的阅读目的而采用不同的阅读策略。)

4.Post-reading

Group work Put the students in groups of four and discuss the questions in Part 8.

Step 4:Homework

Do the extra reading in the Workbook.

Period 2

Teaching aims:

1.Lexis: Better understand some key words and phrases in this module, especially in the diary.

2.Grammar focus:

(1) Revise the use of the Present Indefinite Tense.

(2) Learn the use of the adjectives ending with-ing or-ed.

Step 1:Warming up

1. Check the homework.

2. Scanning:

Read "My First Day at Senior High" again and tick the words(in the box in Part 5) that appear in the text.

(简评:本环节要求学生用最快的速度找出方框中有哪些单词出现在文章中,训练学生迅速找到有用信息的能力。因此,从某种意义上说,本活动的速度重于质量。)

Step 2:Language study

1.The use of adjectives ending in-ing or-ed.

(1)Ask the students to copy the sentences in the text which contain the words they've just scanned and try to appraise the use of them… and the classroom are amazing.

The English class is really interesting.

I don't think will be bored in Ms Shen's class!

They say that girls are usually more hardworking than boys, but …

(2) Examine the example with the class and make sure that they understand what they have to do.

(3) Ask them to complete the sentences individually and then check their answers in pairs.

2. In other words, there are three times as many girls as boys.

My book is twice as thick as yours.

There are half as many new words in this module as in that one.

3. I'm looking forward to doing it.

All the children are looking forward to the Spring Festival.

I don't know what result they are expecting.

…

(简评:对语言知识的讲解要体现引导,不能搞成简单的告知。要引导学生主动探究。另外,学习语言知识还要体现层次性。比如:本课时所深入学习的词汇均在上一课时接触过,但在上一课时不易训练和讲解过深、过细,以免影响阅读理解的流畅性和完整性。这种层层深入、多次反复的学习方法符合学生的认知规律。)

Step 3: The present tenses

1. Read out the sentences as the class follows and make sure the students understand them.

2. Ask the students to decide individually.

3. Call back the answers from the class.

4. Have the students read the passage again and underline four sentences in the present simple or present continuous.

5. Put the students in pairs and ask them to discuss which use the sentences show.

(简评:一般现在时已经在初中学过,本环节主要是帮助学生理清概念、复习基本用法、打下扎实的基础。)

Step 4: Homework

Period 3

Teaching aims:

1. Listening practice.

2. Grammar Focus: The use of the adjectives with-ing or-ed endings.

Step 1: Listening task

1.Pre-listening

(1) Read through the words in the box and ask the students to repeat them after you.

(2) Ask the students to work in pairs to find the meaning of part of the words in their dictionaries.

(3) Let the students complete the sentences individually and then compare their answers with a partner.

(4) Call back the answers from the class.

(5) Answer the questions in Part 2 of LISTENING AND VOCABULARY.

(简评:引导学生学会使用词典,是培养学生学会掌握资源策略的重要方面。根据自己的猜测和想象回答书中问题,可以训练注意力的定向以及猜测、联想、分析等逻辑思维能力,同时引起听的强烈欲望。)

2.Listening

(1) Listen to the conversation once, asking the students to listen w questions their mind, and after listening answer them.

(简评:学生通过核对自己在听前所做的预测,思考为什么自己的答案和听力中的原句不一样。经常做一些这样的分析,可以训练学生的调控策略。无论预测准确与否,都能获得积极的情感体验。)

(2) Listen again and do the exercises in Part 3 and Part 4.

(简评:本环节应注意让学生在听前仔细阅读要回答的问题,从而提高听的实效性。)

3.Post-listening

(1) Do Part 1 in EVERYDAY ENGLISH. Point out the phrases, and explain that the speakers use them to keep the conversation going.

(2) Put some disordered sentences containing this kind of phrases as many as possible, and ask students to rearrange them to make a dialogue.

Possible dialogue:

Ruth: Hi, David. How are you doing?

David: Pretty well. I' m now doing Mandarin Chinese.

Ruth: So am I. I have studied it for three years.

David: Oh really. That' s great. How do you feel?

Ruth: Cool!

David: But Chinese is not easy to learn. And what do you think?

Ruth Maybe at the beginning. But it will change.

David: Is that right?

Ruth: I'm sure things will improve.

(简评:通过把次序混乱的句子恢复成一段对话,训练学生处理信息的能力,同时训练如何使谈话继续进行下去的策略和技巧。)

Step 2: Grammar 2

1.Read "My First Day at Senior High" again and underline all the adjectives with ing or-ed endings: amazing, interesting, bored, embarrassed, and hard-working.

2.Choose the correct explanation: the-ing form can describe things or people, and the-ed describes the situation of the thing or person.

3.Write two more pairs of sentences with adjectives from this module.

4.Show students more examples and try to elicit the rules of using them.

The little girl looks so charming.

We got confused about the whole thing.

We can see smiling faces everywhere.

She is a trained teacher.

这两者的共同点是:它们都起形容词和副词的作用(在本模块都起形容词作用),不同之处是:-ing 形式有主动的意思,-ed 形式有被动的意思。

We went to the office and gave our homework to the unknown teacher sitting at the desk.

The teacher talking to Mr. Wang now will teach us English next week.

Is it the book written by the famous writer?

The teacher is a very enthusiastic woman called Ms. Shen.

两者表示的时间也不同。前者表示与谓语表示的动作同时发生或表示现时现刻正发生的动作,而后者表示的动作在谓语表示的动作之前发生或者没有一定的时间性。

Step 3: Pronunciation of-ed endings

1.Ask the students to look at the words, then play the tape and have them follow.

2.Then play the tape again, pausing after each word for the students to repeat it chorally and individually.

3.Try to elicit the rules of the pronunciation of-ed endings from the 3 groups of words.

(简评:-ed 后缀的发音规律性强,因此应调动学生自主探究出读音规则。)

Step 4: Homework

Period 4

Teaching aims:

1.Speaking: Ways of expressing attitudes and emotions.

2.Writing: Write an E-mail to answer the questions of Martha.

Step 1 Checking the homework

Step 2 Function—expressing attitudes and emotions

1.Read the instructions, make sure the students know what to do.

2.Ask the students to answer the questions individually.

3.Put the students in pairs to compare their answers.

4.Ask the students to demonstrate in class how to use the expressions properly.

(简评:只有时时注意为学生创设具体的、真实的语言环境,为学生体验、感受语言提供平台,才能有效提高教与学的效率。)

Step 3: Writing

1.Ask the students to read the E-mail from an American student in tenth grade.

2.Ask them some comprehension questions:

(1) Who is writing the E-mail?

Martha, a 16-year-old girl from New York.

(2) Why is she writing?

She wants students to tell her about their memories of their first year at school.

(3) What does she remember?

The smell of polish/Molly, her friend/Miss Sharp's smile.

3.Go through the questions in the E-mail with the students.

(简评:写作是较高级的语言活动,在写之前应充分做好铺垫。)

4.Ask them to write a reply individually. Circulate and monitor.

5.Compare their work in pairs.

(简评:调动学生互评,可以充分发挥大班教学的优势,培养学生的合作意识和合作学习的能力。)

Step 4: Homework

Period 5

Teaching aims:

1.Learning about the Chinese and American school system.

2.Task: Write a brochure about your school.

Step 1: Checking the homework

Step 2: Warming up

1.Ask the students to look at the photos from a US high school brochure and answer the questions in SPEAKING.

2.Call back the answers from the class. Try to stimulate discussion by eliciting answers from different students to the same questions, especially those questions where there may be an opinion gap.

Step 3

Task: Write a brochure about your school

1.Preparation: It would be a good idea to get a brochure of a school to show the students. Perhaps there are language schools or other schools in China which have brochures you could get.

2.Group work: Put the students into groups of three or four to do this task. Ask them to choose the best classroom and extra-curricular activities. Then ask them to choose special features such as location, architecture and famous students.

3.Prepare material for the brochure.

(1)Have the students discuss more topics.

(2)Ask each student in the group to write one paragraph.

(3)Then ask the groups to think of a slogan for the school.

4.Show your brochure to other students in the class.

You could

(1)have the brochures left on desks, with the groups walking around the class to see the other groups' brochures; if you do this, leave a "comments sheet" beside each one, so that the students can write down comments about the brochure, suggestions for how to improve it, etc;

(2)have a "group-meets-group" session, where groups are paired for 5 minutes to look at and talk about each other's brochure, then move on to meet another group and do the same; do this four or five times;

(3)display the brochures on the classroom walls with a comments sheet attached nearby. The students look and comment in their spare time.

(简评:任务型语言教学把大部分时间用在小组活动或结对练习上,大大增加了语言的输入,语言的输出也相对增加。在小组活动中,学生分头去查找不同的资料,并且与同伴分享这些资料,这又从另一方面增加了学生接触语言的机会。教师个人所能给学生提供的语言材料毕竟有限,而同学之间的交流可以成倍地增加学生接触语言的频度和深度。在完成任务的过程中,学生在一种自然、真实或模拟真实的情境中体会语言,掌握语言的应用,这不但有助于激发学生学习的主动性和积极性,而且给学生提供了综合使用语言的机会,使他们能够创造性地使用语言,成为真正的自主学习者。)

第七章 高中英语新课程教学评价实施实例

第一节 学习行为表现评价实例

一、行为表现评价的概念

行为表现评价(performance assessment)亦称真实评价(authentic assessment),是教师让学生在真实或模拟的生活情境中,运用先前所获得的知识解决某个新问题或创造某种东西,以考查学生知识与技能的掌握情况,以及解决问题、交流合作和批判性思考等多种复杂能力的发展状况。这种评价是以学生实际表现出来的技能水平和所取得的成果为依据的。行为表现评价不是以学生知道多少知识为依据,而是以学生学会能够干什么为依据,是一种真实性评价,是考查学生在具体的情境中解决实际问题的能力。

二、行为表现评价的特点

(1)行为表现评价是一种发展性评价,注重评价学生学习的发展、能力形成的过程,而不是注重结果的终结性评价。

(2)行为表现评价注重对学习过程中情感态度、认知策略等行为表现的综合评价,而不是单一的成绩测试。

(3)行为表现评价便于为学生提供及时有效的反馈和激励,使学生能够自我反思,调整策略,从而更加积极、主动地学习,便于提高自控能力和自学能力,增强自信心。

(4)行为表现评价是主体多元化评价,其目的是更好的维护学生学习的主动性、自主性。

(5)英语行为表现评价的主要依据是课程标准所要求达到的一般目标及每一个单元要求达到的具体目标。

(6)行为表现评价尊重个性差异,提倡内容多方面、形式多样、标准自择的异质评价,而不侧重传统考试的同质比较。总之,行为表现评价的最终目的是把评价的权利还给学生,让学生更加主动、负责地学，并使学生拥有自由创造的空间、弘扬个性的天地。

三、行为表现评价的类型

(1)按评价主体分：个人自评、小组互评、教师评价、家长评价、合作评价。

(2)按方法分：日常观察记录、调查访谈、非正式测验、评价表法、评价量表法、档案袋评价法、成果展示法等。

(3)按学习过程的内容分：知识性评价、技能评价(听、说、读、写)情感态度评价、学习策略评价、文化意识评价及综合能力评价等。

在评价过程中，由于评价的主体、内容、方法等方面的不同而形成种种不同的具体评价行为。下面列举一些评价案例并进行简要分析说明。

(一)学习行为表现评价案例1：日常观察记录

日常观察，通常有课堂行为表现观察和课外行为表现观察。教师要建立日常观察记录活页夹，将学生按姓名的字母顺序排列，随时增添记录。这些记录将成为与学生、家长及其他教师交流的第一手材料。

课堂行为表现：是否认真听课、积极参与课堂活动，任务、作业完成是否认真及时等。

课外行为观察：课外是否积极主动地使用英语，是否充分利用资源进行学习，是否能用英语做事等。

教师要把观察到的问题或闪光点，根据情况反馈给学生本人、学生家长或全班同学。对于出现的异常问题要共同商讨解决办法，要引导学生善于自我反思，学会调整学习策略等。对观察到的闪光点，让学生与大家分享情感体验，交流方法策略。

总之，日常观察记录评价，体现着教师对每一位学生的细心关怀和关爱。学生获得的是精神支持，是教师、同学、家庭的关心和关爱，而不是来自外界的压力和强迫。评价是共同的、自愿的、合作的，是民主的、协商的，而不是独断的。

(二)学习行为表现评价案例2：调查访谈

(1)确定访谈目标：全班学生推荐一名英语学得好的同学，了解其学好英语的“秘诀”。

(2)访谈开始：针对主题，大家向该生提一些问题，同时也可发表评论。可能的问题如下：

Do you have a special way in learning English?

How do you practise your listening and speaking?

Would you please give some advice on how to memorize new words?

What do you usually do after class?

Do you think it necessary to recite the text?

How can we improve our reading ability?

教师根据学生的提问情况,也可参与提问,注意提问要有启发性。

(3)通过访谈,总结英语学习策略,并对被访谈的学生表示感谢。

(4)对照总结,进行自我反思体会交流,制订计划。

简评:

(1)评价以如何学好英语为主题,以访谈为主,配合自评、互评、合作评价,全面展开。

(2)学生明确了学习策略,完成了自我反思,并制订了计划。评价使学生获得了自我表现的机会获得了持久的精神鼓励。

(3)学生体验到被承认的归属感获得了情感满足。

(三)学习行为表现评价案例3:英语表演活动评价

(1)目的:评价学生的英语口语能力、表演能力、收集资料的能力、利用校外资源的能力,并进行文化熏陶,培养学生的人文精神。

(2)活动项目:英语主持、英语开幕词、英语闭幕词、戏剧表演、对话表演、演讲范文、英语词曲、英语辩论、西方结婚礼仪表演、圣诞节文化介绍或表演(要求每个学生至少参加一个节目,个人或合作均可)。

(3)准备:提前两周布置,学生查阅有关资料,咨询有关专业人士,寻求家长帮助,合作排练。

(4)评委:英语教师、全体学生、家长,特邀其他班的同学代表。

(5)评分标准

1)整个活动期间不准讲汉语。

2)参阅表演有关要求:

①玩:做游戏,激发学生学习英语的兴趣。

评价方式:小组评价,教师评价。

评价标准:a.积极参与,善于合作,应变能力强。b.主动参与,能够合作,有一定的应变能力。c.能参与,有一定的合作意识。

注意事项:a.游戏前应让学生明确游戏规则及要求。b.玩游戏时,教师要有一定的调控能力,注意观察学生的情况,及时调动和引导学生的积极性。

②演

A.诗歌:培养学生的语感和节奏感。

评价方式:学生自评,小组评价,教师评价。

评价标准:a.语音、语调正确,节奏及韵律感强、熟练。b.语音、语调较正确,节奏及韵律感较强、较熟练。c.语音、语调基本正确，有一定的节奏及韵律感。语音、语调正确，吐字清晰，有感情，有乐感。

注意事项：适时鼓励一部分学生在原有韵律基础上替换词语。

B.歌曲：培养学生的兴趣及美感。

评价方式：学生自评，小组评价，教师评价。

评价标准：a.语音、语调正确，吐字清晰，有感情，有乐感。b.语音、语调较正确，吐字清晰，表现较好。c.吐字基本清晰，有一定的感情。

注意事项：适时鼓励一部分学生在原有韵律基础上替换词语。

C.话题类表演：培养学生的语言运用能力和合作能力。

评价方式：学生自评，小组评价，教师评价。

评价标准：a.能灵活运用语言材料，在虚拟的情景中进行真实的交流，语言流畅，有一定创造力和感染。b.能恰当地运用语言材料，在虚拟的情景中进行较真实的交流，语言较流畅。c.能根据语言材料进行基本的交流。

注意事项：a.教师要因人而异，客观地评价每位学生帮助每位学生获得成功。b.不过分挑剔学生表演过程中所犯的语言性错误，大胆放手让学生自由发挥。

(6)反思体会。

(7)收交各位同学的活动材料，收编成书，供同学们课下欣赏，教师、家长评阅。

简评：

(1)学生在评价中学会了合作。

(2)学生学会了利用图书、报刊、网络资源。

(3)学生兴趣盎然，激动地参与创作。

(4)评价在真实的情景中进行。

(5)学生获得自我展示，获得情感满足。

(6)把学习创作、评价、成长有机地统一整在一起。

(7)学生在评价中获得精神影响是深远的。

(四)学习行为表现评价案例4：英语写作评价

(1)英语范文作品集：每位学生至少提供一篇自己最好的英语短文，如日记、周记、论文等。短文后留有自评、组评栏目。

(2)制作班级英语网页：开辟文学、日记、生活体验、心理空间等栏目，展示学生各种作品，同时交流思想，反思评价。

(3)合作出一份报纸，进行评价。

(4)围绕学生感兴趣的主题分组共编一本书，也可以对课本主题进行拓展，将读与写结合在一起，供大家欣赏、评价。

(5)书面表达评分原则：

1)本题总分为25分，按5个档次给分。

2)评分时，先根据文章的内容和语言初步确定其所属档次，然后以该档次的要求来衡量，确定或调整档次，最后给分。

3)词数应与要求词数基本相符，多出或少出30词，应酌情扣分。

4)评分时，应注意的主要内容为：文章要点、应用词汇和语法结构的数量和准确性、上下文的连贯性及语言的得体性。

5)拼写与标点符号是语言准确性的一个方面，评分时，应视其对交际的影响程度予以考虑。英、美拼写及词汇用法均可接受。

6)如书写较差，以致影响交际，将分数降低一个档次。

(6)书面表达评分要求：

1)第一档(很好)：(21~25分)

目标达成：完全完成了试题规定的任务。

评分细则：

①覆盖所有内容要点。

②应用了较多语法结构和词汇。

③语法结构或词汇方面有少许错误，但为尽力使用较复杂结构或较高级词汇所致；具备较强的语言运用能力。

④有效地使用了语句间的连接成分，使全文结构紧凑。

⑤完全达到了预期的写作目的。

2)第二档(好)：(16~20分)

目标达成：较好地完成了试题规定的任务。

评分细则：

①虽漏掉1、2个次重点，但覆盖所有主要内容。

②应用的语法结构和词汇能满足任务的要求。

③语法结构或词汇方面应用基本准确，少许错误主要是因尝试较复杂语法结构或词汇所致。

④应用简单的语句间的连接成分，使全文结构紧凑。

⑤达到了预期的写作目的。

3)第三档(适当)：(11~15分)

目标达成：基本完成了试题规定的任务。

评分细则：

①虽漏掉一些内容,但覆盖所有主要内容。

②应用的语法结构和词汇能满足任务的要求。

③有一些语法结构或词汇方面的错误,但不影响理解。

④应用简单的语句间的连接成分,使全文内容连贯。

⑤整体而言,基本达到了预期的写作目的。

4)第四档(较差):(6~10分)

目标达成:未恰当完成试题规定的任务。

评分细则:

①漏掉或未描述清楚一些主要内容,写了一些无关内容。

②语法结构单调、词汇项目有限。

③有一些语法结构或词汇方面的错误,影响了对写作内容的理解。

④较少使用语句间的连接成分,内容缺少连贯性。

⑤信息未能清楚地传达给读者。

5)第五档(差):(15分)

目标达成:未完成试题规定的任务。

评分细则:

①明显遗漏主要内容,写了一些无关内容,原因可能是未理解试题要求。

②语法结构单调、词汇项目有限。

③较多语法结构或词汇方面的错误,影响对写作内容的理解。

④缺乏语句间的连接成分,内容不连贯。

说明:

(1)内容要点可用不同方式表达。

(2)对紧扣主题的适当发挥不予扣分。

简评:

(1)评价的方法其实很多,激励学生的方法也很多。考试并不是教师手中唯一的法宝。

(2)把评价的权利还给学生,学生能够成为自觉、自控的学习者。

(3)考试分数不过是评价学生的一种手段,不能成为学习的目的。

第二节　学习档案袋评价实例

一、档案袋的基本类型

依据使用目的、提交对象,以及对学生的帮助等的不同,档案袋可以有各种不同的分类。

美国心理学教授格莱德勒以档案袋的不同功能将其分成理想型档案袋(ideal)、展示型档案袋(showcase)、文件型档案袋(documentation)、评价型档案袋(evaluation)及课堂型档案袋(class)五类。具体解释如下：

1.理想型档案袋

构成：作品产生和入选说明，系列作品，以及代表学生分析和评定自己作品能力的反思。

目的：提高学习质量。通过一段时间的成长，帮助学习者成为自己学习历史的思索者和非正式的评价者。

2.展示型档案袋

构成：主要由学生选择出来的学生最好和最喜欢的作品集。自我反思与自我选择比标准化更重要。

目的：给由家长和其他人参加的展览会提供学生作品的范本。

3.文件型档案袋

构成：根据一些学生的反映以及教师的评价、观察、考查知识、成绩测验等得出的学生进步的系统性、持续性记录。

目的：以学生的作品、量化和质性评价的方式，提供一种系统的记录。

4.评价型档案袋

构成：主要由教师、管理者、学区所建立的学生作品集。评价的标准是预定的。

目的：向家长和管理者提供学生在作品方面所取得成绩的标准化报告。

5.课堂型档案袋

构成：依据课程目标描述所有学生取得的成绩的总结；教师的详细说明和对每一个学生的观察；教师的年度课程和教学计划及修订说明。

目的：在一定情景中与家长、管理者及他人交流教师对学生成绩的判断。

国内学者通常把用于班级学生评价的档案袋分为成果型档案袋(product portfolio)过程型档案袋(process portfolio)和综合型档案袋(synthetic portfolio)综合型不仅能展示学生在一个时期内(一个学期、一个学年)的最佳学习成果，也可以展示学生学习的进步、探索、努力进取、反思过程目标和成就学习过程。其目的实际上就是为学生的作品提供一个有形的窗口，教师、学生、家长等可用它来评价学生的独立进步以及一个时期的发展情况，以便反思教学和学习过程。本文所指的英语学习档案袋就是此类。

二、学习档案袋封面及内容选择标准

(一)学习档案袋封面

档案袋及封面设计可以发挥学生的聪明才智，设计个人喜欢的具有个性的模式。

(二)学习档案袋的内容选择标准

(1)学习档案袋内容首先要反映国家课程标准规定的英语目标达成情况。如六级英语的总体目标是:进一步增强英语学习动机,有较强的自主学习意识。能理解口头或书面材料中表达的观点并发表自己的见解。能有效地使用口头或书面语言描述个人经历。能在教师的帮助下计划、组织和实施各种英语学习活动能主动扩展和利用学习资源,从多渠道获取信息。能根据自我评价结果调整学习目标和策略。能体会交际中语言的文化内涵的背景。这一总体目标还可分为:语言知识、语言技能、情感态度、学习策略和文化意识方面的具体内容目标。档案袋内容要反映这5个方面的目标达成情况。只有反映目标达成情况,才能保证档案评价的系统性、科学性、有效性和可信性。在具体操作过程中要确定每个单元的一般目标和具体目标。"例如,让学生流利地说英语是一般目标,让学生口头表达自我介绍以及'介绍他人'就是具体目标。"一般目标的设计可以参照所达级别的课程目标,具体目标的设计应参照单元内容和学生的现有水平。学生只有明确了目标,才能选择体现目标的内容,同时学生也有了努力的方向。

(2)英语学习档案袋是学生的成长记录,应当反映学生的反思发现问题、主动调整、努力进步的过程,让学生体验进步的喜悦,只有这样才能体现档案袋评价的形成性和发展性。

(3)尊重个体差异,展示最佳成果,培养学生的自豪感,激发学生兴趣,激励学生进步。

三、英语学习档案袋的内容

在档案袋所搜集的内容中,涉及语言技能方面的应该包括个人计划与努力、个人的反思、师生的评价等共同内容。

(1)基础知识方面的错题记录本、作业等。

(2)写作方面的英语日记、周记、发表的英语作品、共同合作的项目写作、论文及体现写作进步的初稿修改稿和最终的最佳作品等。

(3)口语方面的最初录音及个人满意的最佳录音或演讲比赛录音、获奖证书等。

(4)阅读方面的英语阅读笔记、心得体会、阅读书目、阅读量、解决的问题、采取的策略等。

(5)教师的日常观察记录,包括课堂观察如课堂参与、角色扮演、小组合作学习过程、努力程度、作业完成情况等,也包括课下访谈、调查等记录。

(6)各种英语大赛获奖证书、英语歌曲录音、英语故事录音等。

(7)参加的英语活动如英语角、英语话剧的照片录像等。

(8)反映英语创作的电脑磁盘等。

(9)反映学习资源、多渠道的各种媒体的节目等。

(10)英语考查、单元测验、学期考试成绩及反思评价等。

入选内容可以按照英语课程目标在语言知识、语言技能(听、说、读、写)、情感态度、学习策略和文化意识的要求分类整理成文件夹,形成系统的、有层次的学习档案袋,清楚地反映学生学习的各个方面和全过程,为学生本人、家长、社区提供有关学生的全面资料,并有助于帮助学生全面提高自己的英语水平。

四、英语档案评价

英语档案评价每个模块的学习可组织两次,当然学生平日也可多进行这方面的交流。

(1)模块中期档案评价:通过个人评价、合作评价、教师评价、个人反思、相互交流、相互启发,反思不足,制定目标,主动改进。评价应以质性描述为主。

(2)模块终结档案评价:参照学生各方面的最佳成果,考虑学生的进步及努力程度,依据英语课程标准规定的相应目标,从英语语言知识、语言技能、情感态度、学习策略和文化意识的角度,由小组、教师进行质性描述写出优点、不足和建议。教师应进行量化描述,同时指出优点、不足和建议;学生个人应写出反思及努力方向。

五、档案袋评价量化

英语档案袋评价量化要参照英语课程标准有关部分的具体说明,并结合所学单元的具体目标进行。让学生、家长、学校、社区明白评分的全过程,并能达成共识。进行档案袋评价时,应指出存在问题和努力方向。

第三节　课堂教学评价实例

一、英语课堂教学评价的基本原则

英语课堂教学评价应遵循以下原则:

(1)导向性原则:课堂教学评价指标是评价一堂课的重要依据。因而评价指标中评价项目、评价指标及权数的确定,要充分体现英语学科的特点和教学要求,使教师明确努力方向,达到提高教学质量、推动课堂教学改革的目的。

(2)科学性原则:评价指标的确定应是科学的、合理的。它必须符合中学英语教学的规律,反映英语课程标准的总目标,体现英语教学改革的方向和要求。采用定量与定性相结合的检测方法,力求客观、全面、准确地评价英语课堂教学。

(3)整体性原则:课堂教学是由多种因素构成的,这些因素依据一定的原则和规律有机地联系在一起。因此,确定英语课堂教学评价指标应从整体出发,权衡它们各自在整体中的地位和作用,赋予恰当的权数。

(4)可行性原则:英语课堂教学评价指标的确定,既要符合教学目标的要求,又要适合中学英语教学的实际。条文要明确具体,使用方法尽量做到既科学又简便易行,便于英语教师理解和接受。

(5)发展性原则:英语课堂教学评价应以学生发展为本,为创造有利于学生自主学习独立思考、合作探究的课堂氛围服务。对学生学习状况、学习能力、学习成果的评价,应尽可能涵盖各类学生的不同状况,从而使评价成为激励和引导师生发展的手段,而不是去限制他们的发展。

二、课堂教学评价的基本要素

评价一节课堂教学,应该从教师组织学生活动的角度去观察,从引导教师关注活动的直接效果——学生是否能够实现有效学习,有多少学生在多大程度上实现有效学习的角度去设计活动、组织教学。对课堂教学过程的评价,应注意以下指标:

(1)教学的任务、目标:科学与适切的学习任务、学习目标是激发学生有效学习的前提。任务目标的制订应符合学生发展的需要,同时又应该是有生命力(即适应学生知识能力准备基础)的,是学生感兴趣的,有挑战性的,不是简单的重复,也不是距离学生生活经验过分遥远的。

(2)教学的过程:教学过程应符合学生知识、能力情感与价值观的生成与发展过程,应符合学生的身心需要。作为一个群体的学习活动过程,关注点应放在学生参与的广度、深度与自觉程度上。要看多少学生在多大程度上实现有效学习,要看教师重点讨论、重点讲解的问题在多大程度上符合学生的需要,还要看学生与教师提问、讨论、作业活动表现出的精神状态与价值追求等。

(3)教学活动的氛围:氛围是充盈在师生交往与活动中间、体现在课堂的物质存在与精神存在中、完全可以被当事双方与观察者感知的客观存在,是一种可以左右课堂教学活动效能的关键因素。积极的教学环境应该是和谐、活跃、民主、平等的,是让每一个参与者都感到安全、亲切、有归属感的。

(4)教学的效能:教学效能的测查有以下三项指标:一是解决问题的程度;二是解决问题的代价如何即投入产出比例是否恰当;三是看能否引发学生继续学习的愿望,能否促进发展。

(5)教师教学的创造性:这是教师在教学活动中表现出来的个性特征、创新精神与探索意识。一节好课,应该是能够体现出教师个人特点的课,也是与实际密切结合的课,是有某些创新尝试或灵感火花的课。

三、英语课堂教学评价内容的评价指标

(一)教学目标的评价指标

(1)目标明确,要求具体,符合课程标准、教材的要求和学生实际。

(2)激发学习兴趣,重视学习习惯的养成和自学能力的培养。

(3)培养学生综合运用英语的能力和跨文化交际的意识。

(4)充分挖掘教材中的思想教育因素,寓思想教育于英语教学之中。

(二)教师的指导过程的评价指标

教学过程的评价指标:

(1)教学思路清晰,每个环节紧紧围绕既定的教学任务和目标。

(2)面向全体学生,兼顾个体差异。

(3)创造性地使用教材;教学重点突出,难点分散。

(4)知识的教学、技能的训练、能力的培养处理得当;重在把知识转化为能力;在具体语境中对学生进行语用能力的培养。

(5)注重主体参与,教学中互动模式多样,体现语言的实践性和交际性。

(6)语言输入量、训练的密度、难度符合学生实际。

(7)教学方法灵活得当,符合授课内容要求,能启发、诱导学生主动学习;符合学生的认知规律。

(8)教学手段直观,运用多种教学媒体为学生创造良好的语言学习环境。

(9)课堂结构合理,层次清楚,主次分明,过渡自然,教学反馈和校正及时;体现循序渐进原则,符合外语教学规律。

(10)教学氛围宽松和谐,体现合作精神,体现教育性、科学性和趣味性的统一。

(11)语音准确、语调规范;语言应用规范得体;能熟练用英语组织教学。

教师素质的评价指标:

(1)语音准确、语调规范;语言应用规范、得体;能熟练用英语组织教学。

(2)讲解清晰、示范准确;教师的讲授科学、正确简明。

(3)板书工整,层次分明;掌握音乐、舞蹈、简笔画等多种教学技能。

(4)教态亲切自然,有感染力,善于与学生沟通情感。

(5)课堂组织、调控能力强,对突发情况能予以及时、恰当的处理;能根据教学反馈信息,及时调整教学活动,顺利完成教学任务。

(6)教学技能娴熟,教法灵活多样。

(7)教案编写规范、具体,实用性强;教具、材料准备充分,易于操作。

(三)学生的学习过程的评价指标

学生参与的评价指标:

(1)积极参与,思维活跃,兴趣浓厚。

(2)师生之间学生之间交互训练活动充分;合作学习有实效

(3)不同层次的学生都能参与教学活动。

自主学习的评价指标:

(1)学生有自主学习的时间,体现探究式的学习过程。

(2)学生能在具体的语境中运用所学知识,形成语言能力。

(3)在学习活动中能根据教学要求对自己的学习做出评价并不断调控自己的学习。

创新意识的评价指标:

(1)学生有独立思考的能力,在回答问题、讨论、表演、完成学习任务时,主动提出问题,有独到的见解。

(2)能运用学过的知识掌握的技能解决新问题。

3.在学习过程中学会合作、乐于帮助别人。

(四)教学效果的评价指标

(1)时间利用有效,完成教学任务,达到预期目标。

(2)课堂气氛和谐,师生关系融洽,绝大多数学生情绪高涨,思维活跃,积极参与教学活动。

(3)不同层次的学生都学有所得。

第四节 单元教学评价实例

一、单元教学评价的原则

英语教材依据课程标准的目标和要求,把每个模块的教学内容分成 6~7 个单元,每个单元的学习时间约为 6 个学时。每个单元由若干环节组成,包括词汇阅读、听说、写作、语法学习策略、学习评价等多个环节。

在英语单元教学评价中,应注意遵循以下原则:

(1)要注重单元教学评价对学生发展的作用。单元评价是在教学过程当中进行的,是对学习过程及其结果的过程性评价，并通过这种评价来影响学习过程。单元评价主要用来发现教师教的问题和学生学的问题，激励学生学习，帮助学生有效调控自己的学习过程，使学生获得成就感，增强自信心。其任务是对学生在一个单元学习过程中的表现、所取得的成绩以及所反映出的情感、态度、策略等方面的发展做出评价，也对教师的教学效果做出诊断。

(2)单元教学评价的内容要力求全面。评价内容除关注学业成绩以外，还要重视学生多方面的潜能的发展，注重对学生综合素质的考查，强调评价指标的多元化，尤其是创新精神和实践能力的发展。评价标准既要体现对学生的基本要求，又要关注学生个体的差异以及发展的不同需求。

(3)单元教学评价的方法要注意多样性和灵活性。教师应注意根据学生的年龄特征和学习风格的差异，采取灵活、多样的评价方法。除考试或测验外，还可以采用描述性评价、等级评定或评分等评价记录方法，另外还应研究制订具有科学性、简便易行、有实效性的评价工具，探索便于教师普遍使用和有利于引导学生进行积极的自评与他评的评价方法，提高教学评价的有效性。应允许学生根据自己的特长或优势选择适合自己的评价方法。如果学生对自己某次课堂测验成绩不满意，可以与教师协商，暂不记录成绩，经过更充分的准备之后，可再次参加评价。

二、非测试性评价案例

自我评价：建议教师有选择地利用下面的表格检测学生学习本单元时在情感获得、策略使用、知识掌握方面的情况。具体步骤如下：

(1)让学生对照表格，根据每一项内容来分析自己的实际情况，然后按优良、中、差四个等级进行评定。

(2)教师根据全班学生反馈上来的情况，可以采取一定的应对性措施，如组织学生小组内交流讨论，教师个别指导等。

(3)对于个别具有广泛性的问题，建议教师另行安排时间解决。

例1：根据自己的实际情况回答下列问题，并存入个人学习档案

①What is the most important thing you learned in this unit?

②What do you think you did best in this unit?

③What do you find the most difficult in this unit?

④Where do you see the most improvement?

⑤Where do you need to work harder?

例2：利用评价量表内容

认知策略：

(1)我总是根据需要进行预习。

(2)在学习中我能集中注意力。

(3)在学习中我积极思考。

(4)在学习中我善于记要点。

(5)学习中我善于利用图画等非语言信息帮助理解。

(6)我通常借助联想学习和记忆词语。

(7)我对所学内容主动复习并加以整理和归纳。

(8)我注意发现目的语规律并运用规律举一反三。

(9)使用英语时我能意识到错误并适当纠正。

(10)必要时我借助汉语知识理解英语。

(11)我经常阅读英语故事及其他英语课外读物。

(12)我借助联想把相关知识联系起来。

(13)我经常利用推理归纳等手段分析和解决问题。

调控策略:

(14)我有明确的英语学习目标。

(15)我经常制订英语学习计划。

(16)我积极探索适合自己的英语学习方法。

(17)我经常与教师和同学交流学习体会。

(18)我尽量通过多种渠道学习英语。

(19)我对英语和英语学习有积极的态度。

(20)我逐步树立学习英语的信心。

资源策略:

(21)在交际中我经常借助手势表情等进行表达。

(22)在交际中我注意中外交际习俗的差异。

(23)交际中我能克服语言障碍维持交际。

(24)我注意通过音像资料丰富自己的学习。

(25)我经常使用工具书查找信息。

(26)我经常通过网络学习英语,并查找所需信息。

三、通过书面测试评价学生语言知识及语言技能

单元测试题的编写应根据课程标准的要求,挖掘单元内语音、词汇、语法、功能、话题等语言要素;测试学生听、说、读、写的基本能力。在编写单元教学测试前,应制定单元语言知识与语言技能测试双向细目表,以突出重点,保证测试的覆盖面。

书面测试应与行为评价结合,对学习策略、情感态度、文化意识进行评价,以质性评价

为主。

语言知识和语言技能部分可以分为四等对学生进行评价,以确定学生在某一个方面的水平;分析存在问题的原因,制定改进措施,明确努力方向;情感态度、学习策略和文化意识的评价应采用质性评价。以上所有项目的评价应结合学生的日常行为表现进行。

四、单元测试试题结构举例

测试时间45分钟,共100分。

(1)口语(平常记录,20分)。

(2)听力(对话、独白等,10分钟,20分)。

(3)语言知识与运用(词汇、语法等,10分钟,15分);建议完形填空题尽量少采用多项选择形式,而采用直接填词、选词填空、首字母提示等形式。

(4)阅读理解(1篇,10分钟,25分)题型要灵活,可设计选择答案、回答问题或完成句子等题型。

(5)书面表达(15分钟,20分)可采用完成句子、情景表达等形式。

说明:单元测试涉及大约一周左右的学习内容,因受日常教学时间、教学内容、单元测试特点等方面的限制,必须控制试题量,以减轻学生负担。

第五节　模块教学评价实例

高中英语必修内容共有5个模块,每个模块学习时间约为36学时,修完模块达到规定要求即可获得2学分。一个模块的学习时间相当于半个学期。模块教学评价相对单元教学来说是终结性测试,而相对整个英语学习的过程来说是形成性测试,它属于整个高中英语学习的一部分。模块评价同样包括非测试性评价和测试性评价。非测试性评价应根据成长记录和单元评价,对学生的语言技能、语言知识、情感态度、学习策略和文化意识进行定性的评估。测试性评价在命题前要编制模块语言知识与语言技能测试双向细目表,以保证测试题目的科学性。

一、新课程下的模块考试的特点

(1)测试的全面性。测试内容应尽可能全面地反映学生综合语言运用能力。基本技能应包含听、说、读、写四个方面。以往的测试缺乏口语测试,不能全面测试学生的语言技能。

(2)正确导向性。测试的重点应放在综合运用英语能力的考查上,不应过细地考查知识项目,题型设计要灵活、实用。要控制多项选择题的使用,引导学生打好基础,培养他们的动手能力；要通过大量正确的语言输入，培养学生的语言能力，应控制改错训练题的频率。

（3）模块测试属于水平测试。学生只要达到基本要求即可过关。模块学业成绩由三部分组成：档案袋评价占30%，单元测试占20%，模块考试占50%。总评按等级记录，A、B、C、D四级分别为90分以上，80~89分，60~79分，59分以下。达到C级为合格模块评价按等级记录，是为了淡化对分数的片面追求，强调质性评价和量化评价的有机结合，使学生注重过程、情感态度、策略等各个方面，克服终结性评价的片面性、不科学性，促进学生综合语言运用能力和健康人格的发展。

二、英语模块教学评价试题设计

（一）听力技能

测试要点：①获取具体的、事实性信息；②理解主旨、要义；③对所听到内容的背景、说话者之间的关系进行简单的推断；④理解说话者的意图、观点或态度。

测试方式：①单项选择；②是非题；③完成句子；④完成图表；⑤简单记录、总结；⑥按指令完成任务。

说明：所选语言材料要体现真实口语交际语段的特点，长度适中，语速正常。

（二）阅读技能

测试要点：①理解主旨大意；②寻读具体信息；③理解细节；④根据上下文推测生词词义，进而加深对文段的理解；⑤简单的判断和推理；⑥理解文段的基本逻辑结构；⑦理解作者的意图和态度；⑧理解文段的文化信息。

测试方式：①单项选择；②完形填空；③填词题；④是非题；⑤完成句子；⑥图文转换；⑦笔头转述；⑧要点记录；⑨内容总结；⑩按指令完成文段；⑪与写作结合完成任务。

说明：①所选语言材料应符合学生语言水平，题材、体裁丰富；②每篇文段长度可在100~300词，阅读篇章总量在3~5篇，词数总量在300~1500词；③试题题干要尽可能简明，指示清楚，选项要体现测试要点。

（三）写作技能

测试要点：①内容清楚连贯；②结构完整；③逻辑性强；④主题突出；⑤用词及文体恰当。

测试方式：①短文写作（日记、小故事等）；②实用性写作（卡片信件、说明留言、填写表格等）；③图文信息转换（图表描述、信息解读、写配图说明）；④接续完成文段；⑤写电子邮件等。

说明：①写作任务、话题、语言结构、文体等要求应与高中学生认知能力发展、生活体验和语言能力相适应;②文段长度依写作任务和测试要求可控制在50~200个词左右。

(四)口语技能

测试要点:①问候;②一般性社会交往;③引出话题;④保持交际;⑤结束谈话;⑥提供个人信息;⑦表达意见和见解;⑧表示同意或不同意;⑨表达情感;⑩就专题进行有准备发言;⑪身势语与口语的配合。

测试方式:①一般场合的社会交往;②个人情况介绍;③面试;④与同伴交流;⑤根据指令做出口头反应;⑥对图、表进行描述;⑦做有准备的个人发言;⑧对话题展开讨论;⑨角色扮演;⑩演讲。

说明:各种口语能力的检测活动和测试话题设计都要充分考虑学生的语言水平、认知能力和社会体验以及发展需求。口语测试首先要关注语言交流的有效性,进而从语言的流畅程度,语意表达的准确、恰当程度,语言结构的丰富程度和交际技能的恰当应用等方面进行综合或分析性评价。(对口语能力的评价可参见形成性评价部分的听、说能力参考性评价标准。)

三、模块考试试题结构案例

说明:测试共分为两部分,包括口语测试部分和书面测试部分(总分100分)。

(一)口语测试(20分)

口语测试时间约为10分钟。口语测试为考生与教师面对面测试。口语测试包括三个主要部分。各部分分别注重相互交流、朗读及考生表达。整个口语测试可以分为以下过程:

第一,自我介绍,以利于确认身份。教师就熟悉的话题向考生提出问题。例如问及考生的家庭、工作、学习、兴趣爱好等比较熟悉的话题。时间约为3分钟。

第二,朗读。教师出示一张卡片让学生朗读。卡片内容涉及文化背景、生活地区或国家等。时间约为2分钟。

第三,考生就此话题做3分钟的发言。教师就考生的发言做1~2个总结性的提问。口语测试注重考查考生是否能运用英语进行有效的交流。整个口语测试程应录音。

(二)书面测试(80分)

书面测试分第一卷(选择题)和第二卷(非选择题)。考试时间90分钟。

1.第一卷(三部分,共55分)

(1)第一部分:听力(共两节;满分20分)

第一节(共5小题;满分5分)

第二节(共 15 小题;每小题 1 分,满分 15 分)。

(2)第二部分:英语知识运用(共两节;满分 10 分)

第一节:语法(共 10 小题;每小题 0.5 分,满分 5 分)。

第二节:词汇(共 10 小题;每小题 0.5 分,满分 5 分)。

(3)第三部分:阅读理解(共 3~5 篇文章;满分 25 分)。

2.第二卷(两部分;共 25 分)

(1)第一部分:(综合填空 20 个词;共 10 分)。

(2)第二部分:书面表达(满分 15 分)。

参考文献

[1]靳玉乐.新课程改革的理念与创新[M].北京:人民教育出版社,2003.

[2]黎奇.新课程背景下的有效课堂教学策略[M].北京:首都师范大学出版社,2010.

[3]周小山,严先元.新课程的教学设计思路与教学模式[M].成都:四川大学出版社,2002.

[4]周小山.教师教学究竟靠什么:谈新课程的教学观[M].北京:北京大学出版社,2002.

[5]刘惠军.新课程与学生发展[M].北京:北京师范大学出版社,2001.

[6]周小山,严先元.新课程的教学策略与方法[M].成都:四川大学出版社,2003.

[7]董毅,邬旭东.新课程理论与实践的反思[M].合肥:合肥工业大学出版社,2005.

[8]新课程实施过程中培训问题研究课题组,傅道春.新课程与教师角色转变[M].北京:教育科学出版社,2001.

[9]傅道春.新课程中课堂行为的变化[M].北京:首都师范大学出版社,2003.

[10]黄甫全.新课程中的教师角色与教师培训[M].北京:人民教育出版社,2003.

[11]钟启泉,崔允漷,吴刚平.普通高中新课程方案导读[M].上海:华东师范大学出版社,2003.

[12]宋乃庆.中国基础教育新课程的理念与创新[M].北京:中国人事出版社,2002.

[13]张昕,任奕奕.新课程教学设计[M].大连:辽宁师范大学出版社,2001.

[14]张晖.新课程的教学改革[M].北京:首都师范大学出版社,2001.

[15]董洪亮.新课程教学组织策略与技术[M].北京:教育科学出版社,2004.

[16]嵇敏.高中英语新课程的理论与实践[M].北京:高等教育出版社,2008.

[17]程晓堂,高洪德.理解与实践高中英语新课程:与高中英语教师的对话[M].北京:高等教育出版社,2006.

[18]郭跃进.高中英语新课程高效创新教学法[M].武汉:武汉大学出版社,2008.

[19]高洪德.高中英语新课程理念与教学实践[M].北京:商务印书馆,2005.

[20]席玉虎.新课标高中英语语法全解[M].北京:外文出版社,2010.

[21]黄远振.新课程英语教与学[M].福州:福建教育出版社,2003.

[22]王远美,赵聪.品德新课程教学与教师成长[M].北京:中国人民大学出版社,2010.

[23]姚瑞兰.高中英语新课程教学设计与评析[M].北京:高等教育出版社,2008.

[24]陈勇.新课程有效教学疑难问题操作性解读.高中英语[M].北京:教育科学出版社,2008.

[25]徐青根,贾冠杰.走进高中新课改,英语教师必读[M].南京:南京师范大学出版社,2005.

[26]李丽生.英语新课程改革理论与实践[M].昆明:云南大学出版社,2005.

[27]陈亭华.新课程高中教师手册:英语[M].南京:南京大学出版社,2012.

[28]龚亚夫.英语教育新论:多元目标英语课程[M].北京:高等教育出版社,2015.

[29]张泰金.英语课程与素质教育[M].上海:上海外语教育出版社,2001.